SOUVENIRS

D'UN MÉDECIN DE LA MARINE

SOUVENIRS

D'UN

MÉDECIN DE LA MARINE

1853-1867

Par le Dr A. LÉON

PREMIÈRE PARTIE

1853-1858

ATLANTIQUE — OCÉAN INDIEN — LA RÉUNION

MADAGASCAR

PARIS

ANCIENNE MAISON DELAHAYE

L. BATTAILLE & Cie, ÉDITEURS

23, Place de l'École de Médecine

1895

Au Docteur Jules ROCHARD

de l'Académie de Médecine.

Au Maître paysagiste Pierre LOTI

de l'Académie Française.

Vous avez l'un et l'autre, pour des raisons respectables et identiques, décliné la tâche ingrate de me présenter au public. Mais vous ne m'avez pas défendu de vous dédier ce volume. J'en profite pour le placer sous votre patronage, espérant que vos noms, qui honorent notre littérature, me porteront bonheur.

Dr A. LÉON.

MON CHER DOCTEUR,

*Vous comprendrez, n'est-ce pas, qu'il m'est bien diffi-
cile de présenter au public un livre dans lequel vous
parlez de moi en de si aimables termes, et alors vous me
pardonnerez, j'en suis sûr, si je vous refuse d'écrire ici
un de ces avant-propos qui sont toujours si inutiles au
succès d'une œuvre et dont les lecteurs savent si bien se
passer.*

*Mais je suis très heureux d'accepter la part de dédi-
cace que vous voulez bien m'offrir ; je vous remercie très
sincèrement d'avoir songé à mettre mon nom en tête de
ces récits, qui font revivre, et d'une façon charmante,
un temps antérieur de quelques années à ma venue dans
la marine, un temps où les pays exotiques étaient plus
neufs et semblaient plus lointains...*

*Veuillez agréer, je vous prie, avec l'expression de ma
reconnaissance, toutes mes félicitations pour votre œuvre
d'observateur et d'artiste.*

PIERRE LOTI.

SOUVENIRS

D'UN MÉDECIN DE LA MARINE

Nulla dies sine linea.

MADAME Léon, madame Léon ! Auguste est reçu, et moi aussi ! » Ce cri de triomphe, lancé d'une voix joyeuse, retentissait au bas de l'escalier du numéro 24 de la rue de l'Asperge (aujourd'hui Nicolas Laugier), à Toulon, le soir du 3 novembre 1853. Il était poussé par mon camarade, Edouard Grimaux, aujourd'hui membre de l'Académie des sciences, professeur à l'Ecole Polytechnique et à l'Institut agronomique, ancien agrégé à la Faculté de médecine de Paris, le chimiste éminent que vous connaissez tous. Ce soir-là, dans son amical empressement à venir annoncer la bonne nouvelle, il était simplement candidat heureux au grade de pharmacien de troisième classe de la marine. Plus tard il devait quitter la carrière navale et venir à Paris développer, sur un théâtre mieux approprié, les remarquables aptitudes dont il était doué. Pour moi, et je ne l'ai jamais regretté, je devais au contraire continuer dans la voie qui s'ouvrait, lorsque je fus placé sur la liste des jeunes étudiants en médecine désignés, après le concours d'octobre 1853 au port de Toulon, pour faire partie de la promotion des nouveaux chirurgiens de troisième classe.

Alors l'organisation de la médecine navale était bien différente de celle d'aujourd'hui. Très inférieure sous beaucoup de rapports à ce qu'elle est devenue, elle présentait pourtant, sur l'état actuel, certains avantages assez appréciables ; elle possédait mieux son autonomie ; elle avait ses écoles, ses professeurs ; elle formait elle-même ses élèves, ses officiers, et leur distribuait l'avancement, du moins pour les trois premiers échelons de la hiérarchie, grâce à la sélection du concours. En a-t-on assez médit depuis, de ce malheureux concours ! Certes, comme tous les systèmes trop absolus, il avait ses mauvais côtés, ses imperfections ; il ne tenait pas assez compte des services à la mer, des campagnes lointaines, des absences prolongées ; mais il entretenait parmi nous une salutaire émulation ; il maintenait tenduc la fibre travailleuse, si facilement relâchée par l'existence à bord ou la vie aux colonies ; il nous gardait en haleine et, par ces luttes publiques qu'on entourait d'un certain prestige, il maintenait à un niveau très honnête la valeur moyenne du corps du service de santé de la marine.

Deux fois par an, en avril et en octobre, se tenaient ces assises solennelles. Le jury était formé dans les trois écoles de Brest, Rochefort et Toulon par l'assemblée des professeurs. La séance d'ouverture était souvent présidée par le Préfet maritime. Tous les officiers du corps de santé étaient convoqués en grande tenue ; les épreuves, divisées pour chaque grade en quatre séries, duraient un mois environ, et quand elles étaient terminées, une dernière réunion des membres du jury avait lieu à la Préfecture maritime pour y dépouiller les votes et dresser les listes de présentation. Ce dernier travail était assez long, et, pendant sa durée, les heures paraissaient interminables aux candidats qui attendaient anxieusement les résultats ; ils se promenaient soucieux et impatients sous les grands platanes du Champ de bataille, dans l'allée du Café de la Marine, guettant fiévreusement les sorties de la préfecture, et quand les membres du jury apparaissaient, on les entourait, on s'arrachait les listes qu'ils avaient préparées.

Pour mon compte. au bout d'un an d'école, j'avais affronté les épreuves du concours, plutôt pour prendre rang et m'exercer à la lutte que dans l'espoir de gagner un grade que l'on n'obtenait d'habitude qu'après deux années d'étude ; on m'avait conseillé de tenter les chances, puisque le règlement le permettait, et ce n'était pas ce qu'il faisait de mieux ; mais je ne comptais guère sur un résultat favorable. convaincu de mon insuffisance et des nombreuses lacunes d'une instruction à peine ébauchée. A mon grand étonnement, mais aussi à ma très vive satisfaction. mon nom figurait au sixième rang sur la fameuse liste qui comptait huit élus.

Et quelle joie au logis après la fanfare sonnée par l'ami Grimaux ! Mon père, capitaine d'infanterie de marine, frappé cinq ans auparavant d'une mise prématurée à la retraite par suite d'une diminution de cadres, était obligé de trouver, sur de bien modestes revenus, les ressources nécessaires pour donner à ses trois enfants, son fils aîné, c'était moi, et mes deux jeunes sœurs, une éducation honorable, et pour cela il avait dû augmenter sa maigre retraite de la rémunération attachée à une place d'employé chez un banquier de la ville. J'allais donc alléger le budget de la famille, même lui fournir un appoint. Avec cent vingt-cinq francs par mois, telle était alors la solde de mon nouveau grade, je me sentais capable de toutes les libéralités d'un millionnaire.

C'était en tous les cas l'entrée dans la carrière, la prise de possession de l'état d'officier, l'avenir assuré ; j'étais entré dans ma dix-neuvième année le 18 juillet précédent ; je me trouvais le plus jeune de la promotion. Celle-ci fut signée le 18 novembre. Mais déjà nos uniformes étaient prêts ; il nous tardait de nous en parer, et l'occasion s'offrait d'elle-même, car il était de tradition d'aller en grande tenue faire une visite de remerciements à tous nos juges. Ceux-ci s'appelaient alors Auban, le vénérable président du Conseil de santé, Levicaire, Lauvergne, Jules Roux, Magagnos, Marcellin Duval ; et nous voilà, bicorne en tête, épée au flanc, tout chamarrés de nos broderies d'or, tranchant vivement dans leur fraîcheur immaculée sur le velours grenat des parements et des collets, circulant dans les rues de la ville, cherchant les postes de factionnaires pour nous faire saluer (l'un d'eux, conscrit novice, tout ébloui de tant d'éclat, nous présenta les armes), et étalant avec un orgueil juvénile ces nouveaux insignes que l'on ne porte jamais plus avec un aussi vif plaisir.

Après cette belle promenade, après les effusions de la première heure, après le banquet homérique que les nouveaux promus offraient à leurs camarades, il fallait songer aux choses sérieuses de la vie : elles ne devaient pas tarder à se présenter à chacun de nous.

Du commencement de 1854 aux premiers mois de 1867, j'ai beaucoup couru le monde et visité beaucoup de pays ; je dois déclarer tout d'abord que je n'en ai découvert aucun, ce qui ne saurait vous étonner ; et si j'ai vu maintes choses, si je me suis trouvé mêlé à des événements que l'histoire de la marine française conservera dans ses archives, je n'y ai joué aucun rôle. Alors à quoi bon écrire ? — A quoi bon ? Parce que partout où je suis passé, j'ai regardé, j'ai observé, j'ai classé mes souvenirs, j'ai empilé dans mes cartons quantité de notes à la plume et au crayon qui me font, lorsque je les consulte, revivre les bonnes et les mauvaises heures de ces premières années de ma carrière.

Si vous voulez me suivre, ami lecteur, dans

toutes ces pérégrinations, je vous mènerai successivement, après des traversées parfois semées
d'épisodes, aux douces îles Mascaraignes, aux régions Malgaches, sur les côtes brûlantes de la
mer Rouge, dans les fleuves et les mouillages de
l'Indo-Chine, dans les ports de l'Empire jaune et
aussi dans sa capitale, où nous entrions en vain-
queurs, puis au Japon, que le contact européen
n'avait pas encore défloré ; plus tard, dans les
escales de la station du Levant, où les souvenirs
de l'antiquité et les choses modernes se mélangent
dans un si singulier contraste ; puis sur le vais-
seau-école de canonnage et sur les cuirassés de
notre escadre de la Méditerrannée et enfin, dans
un dernier embarquement, vers les tristes rivages
des Aztèques. Je voudrais être pour vous un nar-
rateur fidèle, un témoin impartial, et ma plus
grande crainte serait de vous ennuyer. Puissé-je,
au contraire, vous intéresser quelquefois ; la tentative est peut-être prétentieuse ; laissez-moi pourtant l'entreprendre.

Ces différentes campagnes peuvent se grouper
en trois périodes : La première, allant du commencement de 1854 aux premiers mois de 1858, se
déroule dans nos colonies de l'Océan Indien. La
seconde, allant du milieu de 1858 à la fin de

1861, se passe, partie dans la mer Rouge, partie en Cochinchine, puis en Chine et au Japon. La dernière enfin, comprenant la station du Levant et les côtes de France, puis un voyage au Mexique, va du milieu de 1862 au commencement de 1867.

Ou bien encore trois régions géographiques : 1° Océan indien ; 2° Mer Rouge et mers de Chine ; 3° Méditerranée et Atlantique Nord.

Procédons par ordre et commençons par le commencement. c'est-à-dire par les mers de l'Inde.

Je l'ai déjà dit, la promotion du 18 novembre 1853 donnait huit places au port de Toulon, six pour l'embarquement et les deux dernières pour le service colonial, qui ne devait que bien long-temps après être séparé du service métropolitain. Puisque j'occupais le sixième rang, je me trouvais désigné pour le service à la mer et je pensais être prochainement embarqué sur l'un des navires que les préludes de la guerre de Crimée faisaient ar-mer en toute hâte au port de Toulon. Mais le sort devait en décider autrement.

En attendant mon tour de départ, j'avais pris les fonctions de mon nouveau grade. En plus d'un service spécial dans les salles de malades, il nous incombait à tour de rôle des gardes à l'Hôpital principal de la marine ou aux ambulances des arsenaux. A l'hôpital, la garde était une véritable réclusion qui durait une semaine ; elle n'avait d'ailleurs rien de bien pénible ; recevoir et enregistrer les entrants, leur donner les premiers soins, répondre à tout appel quand survenait un incident, faire des rondes de nuit, tout cela manquait d'imprévu et de piquant. Dans ces rondes nocturnes au travers des salles, nous nous croisions parfois avec les deux sœurs grises chargées, elles aussi, de s'assurer que rien ne manquait aux malades graves. Dans la vague clarté des lampes de veille, on les voyait glisser, petites, cassées par l'âge, car on les choisissait, et pour cause, parmi les plus anciennes de la communauté, évitant le carrelage rouge à briques héxagonales soigneusement cirées à la mode provençale et suivant les bandes de tapis en bordure aux pieds des lits alignés, afin de mieux étouffer le claquement de leurs sandales et ne pas troubler le repos des dormeurs.

Deux fois par jour, avec le pharmacien de garde et le prévôt ou médecin résident, dont l'expérience plus mûre nous donnait confiance, nous nous réunissions à la même table, desservie convenablement par la cuisine de la maison. Nos cama-

rades nous visitaient et nous portaient des nouvelles de l'extérieur ; l'ami Décoreis, artiste
peintre en herbe, venait, d'un crayon déjà sûr,
reproduire nos profils ressemblants alors, mais que
nos vieilles barbes ne rappellent plus guère aujour-
d'hui. Et la nuit, dans les heures d'insomnie, on
entendait grincer les girouettes rouillées, enseignes parlantes ou plutôt gémissantes de l'hôtel de
la Douleur, que le vent d'hiver faisait se lamenter
sur les toits de l'ancien couvent des Jésuites,
transformé, depuis 1785, en établissement hospi-
talier, et sonner les heures de l'horloge du dôme,
avec un grand bruit de rouages surpris par le
brusque déclic du mécanisme.

Moins moroses étaient nos gardes à l'ambu-
lance de l'arsenal principal, où notre présence
était exigée pendant toute la durée des travaux,
mais où, du moins, nous avions nos heures de
repos, nos soirées et nos nuits disponibles. Là,
tout était mouvement et clarté. Du poste de
secours, placé près de la grande entrée, on pouvait
suivre l'animation incessante des grands travaux,
les allées et venues des officiers et fonctionnaires,
l'accostage, au quai de l'horloge, des embarcations
de service et des canots portant les autorités maritimes, les files de condamnés à livrée rouge et

jaune avec des bonnets de couleurs variées, suivant la durée de la peine, enchaînés deux à deux sous la conduite des argousins qui n'obtenaient d'eux qu'une obéissance de surface et une indolente activité.

Cette plaie hideuse des bagnes n'avait pas encore disparu de nos arsenaux. L'assuétude seule pouvait atténuer les sentiments de répulsion que l'on éprouvait à voir sur tous les chantiers, mêlés aux ouvriers libres, cette tourbe aux allures louches, à l'œil sournois, à la démarche hypocritement soumise. Et cependant, la chose est triste à dire, la tournée du bagne, ou du moins de ce que l'on en laissait voir aux visiteurs, était une des principales attractions de leur promenade dans les établissements de la marine ; ils n'avaient rien vu si on ne les avait pas conduits au bazar du bagne ; s'ils n'avaient pas admiré le rat blanc apprivoisé qu'un récidiviste aux manches jaunes avait instruit à mille gentillesses, s'ils n'avaient pas acheté les cocos sculptés et autres menues œuvres de patience qu'il était de tradition de rapporter de ce singulier pèlerinage. Bien plus, nos hôpitaux étaient envahis par cette lèpre.

Dans le courant du xviiie siècle, de pénibles circonstances de guerre et d'épidémie avaient introduit les forçats comme infirmiers, comme servants, ainsi qu'on les appelait, auprès de nos malades, et c'est seulement dans le milieu de 1834 qu'on les en éloigna. Il est vrai que l'on choisissait pour ces postes très enviés le dessus du panier, les criminels de petite envergure, les faussaires, les passionnels, les gens de bonne éducation qu'un moment d'égarement avait conduits sur les bancs de l'infamie. En général, le meilleur ne valait pas cher. Par exemple, serviteurs modèles, trop heureux de se soustraire aux rigueurs des travaux extérieurs et au dur régime des casemates, par une docilité, une ponctualité à toute épreuve dans le service fort doux, et relativement facile, qui leur était dévolu, mais toujours prêts à prendre le large à la première occasion.

Vous vous souvenez tous, carabins de mon époque, du célèbre Varlomont, ce dentiste flamand qui avait été trop aimable auprès d'une de ses clientes. Pour cette peccadille il avait attrapé quelques années de travaux forcés, et la régularité de sa conduite, sa bonne tenue, ses aptitudes spéciales l'avaient fait désigner comme servant de l'amphithéâtre. Grand, bien fait, la figure avenante, d'une scrupuleuse propreté, très adroit de ses mains, il excellait dans les préparations d'ostéologie et dans le montage des pièces anatomiques qu'il nous fournissait à des prix honnêtes. Pour nous d'une complaisance à toute épreuve, il ne dédaignait pas de nous aider de ses conseils, quand il nous voyait embarrassés dans nos travaux de dissection. Mais il s'ennuyait, il avait la nostalgie des Flandres. Son petit commerce lui procurait des ressources assez rondes et lui facilitait des intelligences au dehors. Un beau jour, à l'occasion d'une punition disciplinaire qu'il prétendait injuste, il exécuta son projet d'évasion dès longtemps préparé. Se revêtant de la tenue de travail d'un chirurgien de première classe à peu près de sa taille laissée dans un cabinet de dissection, il sortit de l'hôpital à la nuit tombante, avant l'appel du soir, et le factionnaire de la grande entrée porta les armes à ses trois galons. On ne le revit plus jamais, et voilà comment notre chef des travaux anatomiques, dont il avait emporté le costume, fut complice de cette fugue; d'ailleurs l'uniforme lui fut retourné avec une lettre de remerciements, dans la poche de côté. Varlomont était un galant homme; on ne pouvait agir plus correctement.

Pour en revenir aux gardes des ambulances, un jour que j'y étais de service, une rumeur étrange vint m'y trouver. Je m'attendais d'un moment à l'autre à être expédié vers Constantinople et la mer Noire; j'étais loin de compte. Une dépêche arriva au port, prescrivant d'envoyer sans tarder un chirurgien de troisième classe de plus à la Réunion. Si bien que croyant avoir échappé par mon rang au service colonial, j'y étais attaché d'office en même temps que mon camarade Michel qui avait tout d'abord reçu cette destination. Pour moi elle était imprévue; elle m'éloignait des événements qui allaient s'accomplir dans le bassin oriental de la Méditerranée et où la marine française devait jouer un rôle si important; elle me présageait une longue absence, car la durée normale d'une mission aux colonies était alors de trois ans, sans compter les traversées d'aller et de retour. Mais un ordre de départ ne se discute pas; il n'y avait qu'à l'accepter avec toutes ses conséquences, bonnes ou mauvaises, et aussi avec une résignation de circonstance, car elle était obligatoire. D'ailleurs, de nos différentes colonies la Réunion était la plus recherchée, et sa bonne réputation de climat salubre et d'existence facile était bien établie.

Il fallut prendre en hâte ses dispositions, et, le 7 février 1854, Michel et moi fûmes dirigés sur Marseille pour prendre passage sur un trois-mâts de commerce en partance pour Saint-Denis. Inutile d'insister sur les moments pénibles qui précédèrent la séparation. S'exiler pour une colonie que l'on n'atteignait alors qu'après trois mois de mer, avec la perspective de ne revoir la patrie qu'au cours de la quatrième année d'absence ; laisser derrière soi un père sur le déclin de l'âge, une mère dans les larmes, deux jeunes sœurs encore enfants, c'était bien fait pour émouvoir profondément le jeune chirurgien, qui n'avait guère jusque-là quitté de vue le toit paternel et avait vécu dans la douce atmosphère de la famille.

Après les derniers embrassements, bien triste me parut cette route de terre, la seule usitée alors pour se rendre de Toulon à Marseille, dans la lourde diligence des Messageries qui m'emportait vers l'inconnu. Cette route se déroulait à travers une contrée sauvage, passant par les sévères gorges d'Ollioule, traversant les bois mal famés du Beausset et de Cuges, s'enfonçant dans des sites sauvages et déserts, bordée par des forêts de sapins au feuillage sombre.

Bien tristes s'écoulèrent aussi à Marseille les journées d'attente de l'appareillage. Le navire était prêt, avec tout son chargement à bord, mais le temps était détestable et l'on hésitait à mettre en mer; et pour comble d'ennui, il ne fallait pas songer à utiliser ce délai pour retourner à Toulon, car l'accalmie pouvait se faire d'un moment à l'autre; c'eût été s'exposer à manquer le départ, et puis à quoi bon renouveler le déchirement des adieux ? Un rayon de soleil dissipa un moment les ténèbres de ces jours sombres; mon excellent père vint passer vingt-quatre bonnes heures avec moi; ce fut une joie inespérée, mais il fallut se quitter encore. Un de mes bons camarades, l'ami Monin, vint aussi de Toulon faire visite au pauvre déporté, auquel il procura charitablement quelques heures de gaieté. Je lui fus très reconnaissant de cette œuvre pie.

Des fenêtres de ma chambre à l'hôtel Beauvau, donnant sur le port, je consultais chaque jour avec anxiété l'aspect du temps, mais l'horizon restait menaçant et le vent sifflait sans relâche dans le gréement des navires accostés au quai. Celui sur lequel nous allions embarquer, Michel et moi, se perdait dans la forêt des mâts du côté de la mairie. Il s'appelait le « Jeune Marseillais ». C'était un trois-mâts carré, jaugeant de cinq à six cents tonneaux, avec une fausse batterie dessinant une noire rangée de sabords postiches sur une bande blanche, comme il était alors très de mode pour singer l'aspect des navires de guerre. Le capitaine Magnique, un vrai loup de mer à la moustache grisonnante, le commandait. C'était un bon marin, rompu à toutes les difficultés de son rude métier, s'accommodant de tous les temps et de tous les régimes. La traversée de la Réunion lui était familière, il en connaissait toutes les éventualités et cependant celle que nous allions entreprendre lui réservait une surprise. Comme tous les capitaines, il vantait les qualités de son navire : à l'entendre, il les possédait toutes : solide, tenant bien la mer et marcheur des plus rapides. En réalité, il fallait un peu en rabattre. Il pouvait compter sur son second, M. Bernard, très capable de le suppléer au besoin. Son équipage était quelconque ; il comptait douze hommes, parmi lesquels un nègre de je ne sais quelle provenance, répondant au nom de Lucas, et le mousse Camille, gamin à la mine éveillée, bon à tout faire, gabier, marmiton, valet de chambre au besoin, et attrapant sans trop réclamer toutes les taloches qu'on lui distribuait..... par amitié ; un seul matelot avait une physionomie spéciale, c'était le charpentier Arnaud, type de brisquard ayant couru toutes les mers, carré d'épaules, brun avec une terrible barbe noire plantée drue jusque sous les yeux et taciturne comme pas un ; tous ses épanchements étaient réservés à un roquet à poils ras, auquel il avait donné une éducation des plus complètes et dont les talents multiples nous égayaient souvent. J'allais oublier un brave garçon à l'œil naïf et étonné, allant chercher fortune au loin, qui avait obtenu son passage en remplissant les fonctions de maître d'hôtel, qu'il fallut d'ailleurs lui apprendre. Nous le retrouverons, mais beaucoup plus tard et d'une façon fort inattendue. Appelons-le **Pastre**, si vous le voulez bien.

Sur la liste des passagers, figuraient trois officiers d'infanterie de marine, les capitaines Lamy et Martin et le lieutenant Chassaniol, cinq personnes allant à Maurice; Michel et moi complétions cet ensemble.

Et maintenant, en route pour la Réunion, si vous ne craignez pas trop de vous ennuyer dans cette compagnie.

LE 13 au soir, le temps semblant se remettre, nous reçumes avis du bureau de la marine de nous embarquer le lendemain matin à la première heure, et le mardi 14, au lever du jour, nous étions tous rendus à bord. Le navire, larguant ses amarres, se dégageait avec lenteur du dédale de bâtiments accolés les uns aux autres sur deux ou trois rangs pressés ; il fallut plusieurs heures pour arriver à l'entrée du port, et quand nous pûmes atteindre le fort Saint-Jean, l'après-midi était déjà entamée ; là, un remorqueur nous prit pour nous conduire au large des îles. C'était le moment opportun, pendant cette longue manœuvre de sortie, de prendre possession de sa cabine et de s'y installer. Hélas ! elle manquait complètement de confortable, d'espace, d'air et de clarté, cette cellule placée à tribord arrière, rétrécie par les formes rentrantes de la poupe, et ayant pour tout mobilier une étroite couchette, une chaise et un minuscule lavabo, privée de hublot et prenant jour seulement sur la chambre par une porte que je ne pouvais pourtant pas toujours laisser ouverte. Il fallait cependant s'en contenter et s'y arrimer; d'ailleurs d'autres soucis allaient bientôt faire diversion à ce que cette prise de possession de mon nouveau domicile flottant avait de peu aimable.

Après avoir doublé le château d'If, le remorqueur nous avait laissés à nos propres moyens, et le « Jeune Marseillais », avec sa voilure et son équipage, devait, à partir de ce moment, se tirer seul d'affaire. Tout d'abord, il eut à s'y employer d'une manière aussi active que déplaisante.

Malgré une apparence d'embellie, le temps était encore des plus maussades. La mer était grosse, le ciel chargé ; les rafales de N.-O. s'abattaient lourdement sur nous. Une fois au large, nous regardions, le cœur serré, s'éloigner et disparaître graduellement, dans les clartés grises d'une journée sans soleil, les montagnes de Provence, estompées par la brume et l'obscurité des nuées d'hiver.

Derrière nous. Planier venait d'allumer son feu ; mais déjà une anxiété d'un autre genre nous obligea à quitter la dunette et à gagner nos couchettes. Sur le pont, on manœuvra toute la nuit, ce fut un bruit assourdissant, un vacarme continu ; le vent faisait rage, le navire. violemment secoué par les lames, craquait lamentablement dans toutes ses membrures. Le grand hunier fut emporté par une rafale, il fallut le remplacer. L'équipage resta sur pied jusqu'au matin. Quant aux pauvres diables de passagers, affalés misérablement dans leurs cabines, incapables de prendre un moment de repos, l'horrible mal de mer s'était emparé d'eux et le cercle de fer qui étreignait leurs tempes, la sensation d'effondrement, d'anéantissement qui déprimait tout leur être les rendait presque indifférents à la folle danse des vagues, aux mugissements des bourrasques hurlant dans les ténèbres, à ce mouvement désordonné, à ce tapage infernal.

Pour un début de traversée. il n'était pas brillant et peu propre à éclaircir les idées. La Méditerranée se montrait sévère pour nous ; nous la savions quinteuse, elle ne voulait pas faire mentir sa réputation. Le lendemain. elle ne fut guère plus gracieuse. Cependant, nous avions fait de la route. Le golfe de Lion, aux lames si dures, était franchi ; l'on apercevait sur tribord les neiges des montagnes de Catalogne, et, au coucher du soleil, on put reconnaître, dans le sud-est, le profil de l'île Mayorque. J'avais essayé mes forces en montant un instant sur le pont, ayant hâte de sortir de cette atmosphère épaisse de la chambre où le fanal fumeux avait répandu des senteurs nauséeuses, accompagnées des âcres émanations provenant des cabines. J'avais trop préjugé de mes moyens, je dus, en toute hâte, regagner mon réduit obscur et mal odorant. Mon apprentissage maritime n'était pas encore complet.

La seconde nuit à bord ne fut pas beaucoup plus reposante que la première. En revanche, le vent, devenu contraire, nous avait empêchés d'avancer, si bien que nous étions encore, comme la veille, en face du cap de Creus ; mais le mal de mer était en déroute. Les uns après les autres, les passagers apparaissaient au jour, s'aventurant sur la dunette, retrouvant leur aplomb, prenant part aux repas. Le 17 au soir, personne ne manquait plus à l'appel à l'heure du dîner. Reprendre possession de sa volonté, de son équilibre, du désir de s'alimenter est chose douce. Mais le temps restait maussade et portait aux idées sombres.

Pour chasser le spleen, il fallait un bon vent nous poussant vers le détroit ; il arriva dans la nuit du 18, soufflant du nord, nous faisant défiler successivement au large de Barcelone, des Bouches de l'Ebre, du golfe de Valence ; nous aidant à franchir, sans encombre, le canal des Baléares ; vers le soir, la silhouette d'Iviça nous était apparue dans la brume, et, le 18, dans la matinée, nous nous trouvions en face de la pointe Saint-Martin et du cap de la Nao, surmontés d'un gros morne aride et escarpé ; nous les doublions vers midi. Bien appuyé par une jolie brise régulière, notre voilier atteignait presque neuf nœuds de vitesse, ce qui était fort beau pour lui. Et du même coup nos visages se déridaient, et nos esprits, subissant l'influence du milieu extérieur, se rassérénaient. Le voisinage de la terre contribuait à cette belle humeur. Les falaises, taillées à pic, surmontées de petites tours de veille, vestiges des incursions des pirates barbaresques, les criques abritant les pêcheurs, les maisons blanches de la petite ville d'Eczebia, le soleil qui se découvre et répand sur tout le paysage une clarté blonde, la mer qui a sa physionomie des bons jours, les balancelles inclinées sous leurs voiles triangulaires, les évolutions folâtres d'une troupe de marsouins nous font oublier les ciels voilés et tourmentés, les lames grises et tumultueuses des journées précédentes.

« Capucin de poivre ! docteur, puisque vous prenez si fidèlement les croquis, vous serez bien aimable de me dessiner le profil de tout ce pays-là ; c'est commode de pouvoir garder ainsi la physionomie des côtes devant lesquelles on passe ; on les reconnaît plus facilement une autre fois ». C'était le capitaine Magnique, qui, avec son innocent juron favori, me surprenait le crayon à la main. « Très volontiers, capitaine, je ferai dorénavant un double tirage, et nous aurons chacun notre exemplaire ». Ainsi fut fait le reste de la traversée.

Nous ne jouissions d'ailleurs que d'une embellie, car le lendemain, c'était un dimanche, le premier que nous passions au large, le gros temps avait repris ses droits. Ce jour-là, impossible de se mettre à table, tant le roulis était violent ; plusieurs incidents grotesques vinrent agrémenter notre repas agité. Chacun s'était accoré comme il avait pu, les uns assis par terre, sous le vent, d'autres réfugiés dans leurs cabines ; le mousse Camille, allant de l'un à l'autre, faisait de son mieux pour nous servir, tandis que Pastre, qui, la veille, avait montré pour la première fois depuis

le départ son visage défait, essayant d'entrer en
fonctions, avait de nouveau disparu. Et le mal de
mer? Eh bien, il n'était plus guère qu'à l'état de
souvenir et cette journée de roulis désordonné
acheva de nous amariner ; il n'en fut plus jamais
question. Mais à sa place, l'appétit avait repris
tous ses droits, et, il faut bien le reconnaître, ne
trouvait pas toujours à se satisfaire.

Notre armateur, je n'ai jamais voulu connaître
son nom pour ne pas avoir à le vouer aux dieux
infernaux, tenait sans doute à ne pas faire mentir
la réputation bien établie qu'avaient les navires
de Marseille, de mal nourrir leurs passagers. On
comptait sur le mal de mer, puis sur les pêches
miraculeuses qu'on ne manquait pas de faire au
large, sur le bon caractère et la longanimité du
personnel. Pourquoi alors s'encombrer de provisions coûteuses ! Partis depuis cinq jours à peine,
nous n'avions plus de vivres frais et déjà apparaissaient les plats de légumes secs et de viandes
salées. Au pain pris à terre au départ a succédé
celui du boulanger du bord, mal pétri, mal cuit ;
il est juste de dire qu'il s'améliora un peu dans la
suite. L'eau douce nous était distribuée avec une
parcimonie extrême ; en obtenir pour sa toilette
était une faveur ou le résultat de quelque machi-

nation savante, et, souvent, pour ne pas nous débarbouiller à l'eau de mer, il nous fallut économiser sur notre ration de table. Passagers des grands paquebots d'aujourd'hui, qu'eussiez-vous dit d'un pareil régime !

Malgré tout, le vent nous poussait vers le sud et nous rapprochait du détroit, des colonnes d'Hercule, qu'il nous tardait de franchir. En mer, on n'a qu'un désir, approcher du but, faire de la route. Tout le reste est accessoire. La température s'adoucissait ; tout d'abord nous n'avions croisé que de rares navires, entr'autres quatre gros vaisseaux de guerre, reconnaissables à leur mâture, mais trop éloignés pour distinguer leur nationalité ; mais bientôt de tous les points de l'horizon apparaissaient de nouvelles voiles se dirigeant vers un but commun : Gibraltar. Nous n'en étions guère qu'à une soixantaine de lieues ; une bonne journée de marche aurait suffi, et largement, pour y atteindre ; mais la brise capricieuse retient son souffle.

Pendant trois longues journées, nous revoyons chaque matin tous nos compagnons d'infortune surpris comme nous par le calme et attendant avec impatience quelques risées favorables ; chaque matin, nous nous retrouvons devant les mêmes sommets de la Sierra-Nevada : pour ne pas faire mentir leur nom, leurs cimes étaient couvertes de neige ; nous revoyons, non sans dépit, l'éternel cap de Gate et les pentes pelées et ravinées des montagnes d'Almeria et d'Adra, recélant dans leurs flancs de riches mines de plomb.

Que faire pour combattre l'ennui qui nous gagne dans cette inaction forcée, tandis que le navire tangue lourdement sous les ondulations d'une houle fatigante et que les voiles dégonflées pendent avec des battements flasques et lamentables le long des mâts et des haubans ? La lecture, les parties de cartes, les conversations ne suffisent pas à nous donner quelque entrain, et de nouveau le moral s'assombrit. Dans ce désarroi, quelque chose m'aida cependant à prendre patience ; c'était une révélation presque nouvelle pour moi, car à terre l'attention est attirée par bien d'autres objets et les horizons sont souvent bornés : la contemplation des inoubliables spectacles qu'offrent les levers et les couchers de soleil, avec leurs jeux de lumière si variés, si inattendus, et souvent si invraisemblables dans leur puissance et leur majesté.

Dans la haute mer où rien autre ne vient distraire le regard, le paysage céleste prend une valeur inconnue, car il occupe toute la scène et forme à lui seul tout le décor, avec la surface des eaux où il se reflète sous des incidences variées. Ce sont parfois des tons d'une douceur et d'une délicatesse infinies avec des plaques de lumière et d'ombre formant d'élégantes marbrures aux nuances diaprées ; d'autres fois, des teintes heurtées, crues, avec des taches sombres, des oppositions brutales, d'éblouissants faisceaux de rayons, des nuages opaques, frangés par une bordure de métal en fusion, avec des percées éblouissantes dans une muraille d'ombre. Toutes les couleurs sont représentées dans ces féériques apothéoses : les éclats de fournaises incandescentes, les bleus outrés, les violets intenses, les rouges flamboyants, les pourpres ensanglantées, les jaunes invraisemblables, les roses dégradés, les laques chatoyantes. Et le spectacle change de minute en minute, suivant que le globe de feu émerge des flots ou qu'il y plonge, qu'il s'étale dans sa gloire ou se cache un moment derrière les massives nuées. Les effets se succèdent, toujours différents et imprévus, défiant la palette du peintre et la plume de l'écrivain.

Il en est pourtant qui ont su en rendre l'impression avec une intensité qui se rapproche de la vérité. Lisez les empoignantes descriptions des romans maritimes de Pierre Loti, et vous qui avez admiré ces splendeurs de la mer, vous retrouverez presque entières les émotions si vivement ressenties, dans leur vivacité, leur charme et leur réalité. Ce qui caractérise le talent du jeune académicien, c'est cette faculté de s'imprégner des scènes et des paysages vus, de trouver l'expression, exacte dans sa sobriété, pour les reproduire, de faire vibrer à l'unisson ceux qui peuvent apprécier la fidélité du rendu. Zola, ce puissant paysagiste, que l'on cite, et avec raison, comme un des écrivains dont la plume a su le mieux peindre les grands spectacles de la nature, n'a pas, selon moi, cette même fidélité de reproduction. Chez lui on sent la recherche de l'effet, il plante un décor, étage les plans, brosse vigoureusement une toile de fond, sans trop se préoccuper de la ressemblance, si bien qu'on ne retrouve plus le site connu, l'impression ressentie. Si Loti arrive à un résultat plus saisissant, c'est qu'il a une seule préoccupation, rendre sincèrement ce qu'il a vu, comme il l'a vu, et la poésie de son style tient surtout à la précision et à la vérité des détails et de l'ensemble.

Me voilà parti dans une digression qui m'éloigne terriblement du « Jeune Marseillais » et de son immobilité désolante devant les côtes pelées de la province de Grenade, tandis que les polypes gélatineux flottaient nonchalamment autour de nous, dans l'onde unie et transparente. Le soir venu, quand les étoiles s'allumaient au ciel, le capitaine Magnique, m'initiait à la connaissance des constellations, me nommant les principales : Orion et son magnifique cortège, Syrius dans tout son éclat, Castor et Pollux, Aldébaran, l'œil rouge du Taureau, la brillante Capella, Régulus du Lion, Cassiopée, et déjà, s'abaissant vers l'horizon, la polaire que chacun connaît, avec les Ourses tournant autour d'elle. L'eau était si calme, que ces diamants célestes y réflétaient leurs feux comme dans un vaste miroir.

Mais le 23 au matin, la brise se lève, les voiles se gonflent, le navire frémit et s'incline, reprenant sa course, faisant écumer les vagues qui fuient joyeusement derrière nous. Nous voilà poussés vers Malaga, doublant le cap Sacratif et passant devant la petite ville de Velèz-Malaga, entourée de nombreuses maisonnettes blanches, et de villages étagés sur la montagne qui la domine.

Le soir, la brise devient mauvaise et tourne au coup de vent; la mer grossit. Qu'importe d'être secoués si nous allons vers l'Océan. Mais le voi-

sinage de la terre et de nombreux compagnons de
route commande la prudence; toute la nuit le
capitaine veille et l'équipage est sur le pont. Le
24 au matin, le temps se montre plus maniable;
sous la misaine et le grand hunier au bas ris, d'une
allure rapide, que la poussée des vagues augmente
encore, nous nous engageons dans le détroit.

Quelle déception! Sous un jour blafard, l'horizon est chargé de lourdes vapeurs grises couvrant
les sommets; tout est noyé dans la buée des embruns. C'est à peine si nous pouvons distinguer à
droite le profil abrupt du rocher anglais, et plus
loin la ville espagnole de Tariffa; à gauche, Ceuta
et le Mont aux singes, Calpé et Abyla, comme disaient les anciens. Le capitaine, chaussé de ses
grandes bottes de mauvais temps, montant jusqu'aux cuisses, emmitouflé dans un grand paletot
au collet relevé, coiffé jusqu'aux oreilles de sa
casquette d'hiver, avec les mèches de ses cheveux
fouettées par le vent, préside sur la dunette à cette
course folle qui nous fait entrer dans l'Océan à
grand orchestre... En même temps défilent avec
la même vitesse et plongent dans la lame tous les
navires qui, comme nous, attendaient l'occasion
propice pour quitter la Méditerranée. Un peu plus
tard, un pâle rayon perce les nuées et nous mon-

tre, dans une éclaircie passagère, la baie de Tanger et le cap Spartel, cette sentinelle avancée de la terre d'Afrique, qu'on perd la dernière de vue, quand on va vers les continents lointains, et qu'on salue joyeusement au retour lorsqu'on regagne les contrées amies.

Désagréable jusqu'au bout, la Méditerranée a voulu, par une dernière nuit mouvementée, nous montrer toutes ses colères ; peut-être aussi faisait-elle acte de charité, voulant diminuer nos regrets de quitter ses eaux capricieuses, mais qu'on laisse toujours avec un serrement de cœur, puisqu'elles baignent les rives de la patrie.

Et nous voilà dans l'Océan, dont les lames frangées d'écume s'étendent plus mollement vers l'ouest avec des tons glauques et de longues ondulations. Nous faisons bonne route et cependant il faut s'ingénier pour lutter contre la tristesse, toujours prête à nous envahir. Elle augmente en proportion de la distance, sans cesse grandissante, qui nous éloigne chaque jour du foyer dont le souvenir nous hante avec persistance. Les aventures des héros d'Eugène Sue, les analyses psychologiques et le charme pénétrant, l'impeccable correction du style de Georges Sand, les mirifiques hauts-faits des Mousquetaires de Dumas, les désopilantes pochades de Paul de Kock, les pompeuses tirades, les scènes émouvantes, la belle langue poétique des drames de Victor Hugo ne parviennent pas toujours à chasser le spleen : Chassaniol me propose, comme remède, de travailler avec lui la méthode Robertson, que tous les néophytes de l'anglais appris sans maître ont étudié avec plus ou moins d'enthousiasme, et nous voilà, consacrant chaque jour deux séances, qu'avec une constance digne d'un meilleur résultat, nous avons continuées jusqu'au bout du volume. Le sultan Mahmoud et le jeune John Lounger n'ont pas eu souvent d'aussi fidèles disciples. Mais toute notre bonne volonté ne pouvait suppléer à ce que aucun livre, si bien fait qu'il soit, ne saurait apprendre : la véritable tonalité, la sonorité spéciale à chaque langue quand on ne l'entend pas parler.

D'autre part, les souvenirs de voyage du capitaine Magnique, qui sait les évoquer avec une verve toute marseillaise, et les épisodes de la vie coloniale dont est meublée la mémoire de nos officiers passagers, font aussi diversion à l'ennui. Le soir, groupés sur la dunette, ou, si le ciel est incertain, sur le pont, à l'entrée de la chambre, nous prêtons l'oreille à ces récits qu'une pointe de fantaisie vient souvent aiguiser. Toutes les mers, tous les pays du monde y passent : l'Inde, les Antilles, la Guyane, le Sénégal, les îles du Pacifique, le passage des Caps, les vastes solitudes australes fournissent leur part de descriptions et d'anecdotes. Les imaginations s'excitent. MM. S... père et fils, dont il n'a pas été difficile d'apprécier l'inaltérable crédulité, sont là, écoutant, bouche bée, les aventures les plus extravagantes que nos narrateurs inventent de toutes pièces, sans plus trop se soucier de la vraisemblance. « Capucin de poivre ! sont-ils assez... simples ! » s'écriait avec des termes plus énergiques notre capitaine, lorsqu'ils étaient rentrés dans leurs cabines.

Nous atteignons ainsi la fin de février qui, cette année, est aussi celle du carnaval, car le calendrier consulté met en face de la date du 28, l'indication de Mardi-Gras. Nous ne le fêtons guère à bord. Le carême a déjà commencé pour nous et la transition se fait sans secousse. Le vent de N.-E. continue à nous être favorable, et le 1er mars la terre est en vue. Nous nous trouvons par le travers de l'archipel des Canaries. L'île de Palme, la plus occidentale du groupe, apparaît dans la brume matinale qui estompe sa base, pendant que le soleil levant colore en rose la ligne des sommets.

Ténériffe et son pic, situés plus à l'Est, demeurent invisibles pour nous. Déjà depuis trois jours le ciel a quitté sa livrée grise : la brise tiède et régulière nous berce mollement et le bleu de l'Océan reflète le pâle azur du Ciel. Pour nous, c'est le printemps. Mais le voisinage des îles fait faiblir le vent. A midi, l'île de Palme, dont nous nous sommes lentement rapprochés, est plus distincte; sa cime la plus élevée, haute de 2.350 mètres, le pic Palmero, dessine plus nettement son fin profil. Sur l'eau, à peine soulevée, voguent, leur coquette voile déployée, ces gracieuses méduses, teintées délicatement de carmin et de cobalt, que l'on a si heureusement baptisées du nom de galères. Le lendemain, au jour, la brise reprend et nous fait défiler à distance devant l'île de Fer, d'abord perdue dans les nuages, d'où elle se dégage vers le milieu du jour.

Pendant une semaine encore, les alizés du nord nous accompagnent de leur souffle régulier. Pour la navigation à voile, c'est la zône rêvée : température douce, marche régulière, perturbations atmosphériques presque inconnues ; les lames frisottantes se succèdent dans leur marche constante

vers le sud-ouest ; au ciel, quelques nuages en
balles de coton suivent le même courant et rom-
pent la monotonie de la voûte bleue ; leur ombre
mouvante projette sur la mer de larges taches
d'une belle couleur indigo laqué. Ce n'est pas le
calme, car les voiles gonflées donnent au navire
une légère bande et un doux balancement avec
une marche rapide dont le sillage écumeux est la
marque éphémère, mais c'est le repos : repos pour
le capitaine, qui, la route donnée, dort ses nuits
tranquilles et constate, à chaque midi, en prenant
la hauteur du soleil, le chemin fait depuis la veille ;
repos pour l'équipage, dont la seule manœuvre
est d'appuyer les bras du vent pour régulariser
l'orientation de la voilure, et de rentrer ou de
rétablir les cacatois, suivant les légères variations
de la brise ; repos pour les passagers, dont la
grande occupation est de voir fuir allègrement, le
long des flancs du trois-mâts, la mer diaprée de
larges taches écumantes ; et puis, à chaque heure,
la manœuvre du loch dont la bobine se déroule,
tandis que la ligne graduée va se perdre dans les
remous de l'arrière. Et quand le sable de l'ampou-
lette a fini de couler, chacun de vérifier sur la
cordelette ramenée à bord, le nombre de nœuds
dévidés pendant la demi-minute : nous filons huit

neuds, huit nœuds et demi, quelquefois neuf, et alors la journée sera bonne. soixante, soixante-cinq, soixante-dix lieues marines, et demain, quand le point sera donné, nous pourrons. sur la carte, marquer une belle enjambée, nous réjouir de l'espace parcouru. Et le soir, quel féérique spectacle, quand la phosphorescence vient jeter derrière nous ses éblouissants tourbillons de poussière diamantée, ses gerbes folles de globules brillants, qui scintillent, se mêlent. se brisent et forment cette traînée lumineuse et opalescente, allant se perdre à l'horizon comme une bande argentée dont l'éclat diminue graduellement.

C'est dans ces conditions que nous approchons du tropique ; nous le franchissons le 4 au coucher du soleil. Il est étrange ce coucher du soleil, pareil à un globe de métal en fusion au rouge sombre, dépouillé de tout rayonnement, comme voilé dans une atmosphère grise qui l'enveloppe de toutes parts. Il doit cet aspect, nous dit le capitaine, à la fine poussière soulevée par les vents de terre, que les déserts d'Afrique envoient au loin, en poudre impalpable, jusqu'au milieu de l'Océan. Et de fait, quelques jours plus tard, nous avons la preuve que l'explication est exacte ; une couche pulvérulente et rougeâtre, d'une ténuité extrême, recouvre les bastingages et le grément.

L'équipage, peu occupé, se livre à la pêche chaque fois que l'occasion se présente. Les marsouins sont nombreux dans cette région, et presque chaque jour, leurs troupes nombreuses venaient prendre leurs ébats autour de nous : certainement notre présence les attirait ; ils voulaient nous rendre témoins de leurs évolutions et de leurs gambades ; ils aimaient à lutter de vitesse avec nous ; lutte inégale, car, pour eux, faire le tour du navire marchant à toutes voiles, décrire sans effort leurs voltes rapides, presque sous la proue, semblait un véritable jeu. Leur corps, lisse et effilé, si avantageusement découplé pour les grandes vitesses, la puissance de leurs masses musculaires admirablement agencées leur rendaient ces exploits faciles. Quand le matelot de vigie poussait le cri : « les Marsouins ! » nous montions tous sur la dunette pour ne rien perdre de la scène, encore nouvelle pour certains d'entre nous, de la capture d'un de ces agiles cétacés, dont les bonds enjoués hors de l'eau et l'émersion intermittente en courbe régulière entre deux lames, amusaient souvent nos regards.

Cependant un de nos meilleurs harponneurs allait se placer sous le beaupré, armé de sa lance, et la dardait sur l'animal de la troupe le plus à sa portée: tous les coups n'étaient pas heureux; parfois le fer glissait sur l'épaisse enveloppe: d'autrefois le marsouin blessé parvenait à se dégager, et perdant son sang par sa blessure, s'enfuyait au loin; alors, dès la première vue de la traînée rougeâtre qui sortait de la plaie et teintait l'eau autour d'elle, toute la bande, dans son émotion, disparaissait à l'instant. Mais si le harpon avait pénétré assez loin et assez solidement dans les masses charnues, le pauvre capturé était hissé à bord et nous avions la tristesse d'assister à son agonie, quand, d'un regard presque humain, il semblait doucement nous reprocher notre cruauté. Cruels, nous l'étions certainement, car sa chair est dure et huileuse, et il ne fallait rien moins que la privation de vivres frais et une longue et savante marinade pour la rendre mangeable sous forme de beefsteacks coriaces, ou de daubes peu savoureuses. On nous servait aussi son foie sauté et ses rognons en brochettes. Pour calmer mes remords, je disséquais les organes des victimes, curieux de constater les grandes analogies de structure entre les mammifères marins et terrestres.

La prise d'un requin était loin d'exciter les mêmes sentiments de commisération. Quand l'horrible squale était signalé dans les eaux du navire qu'il suivait à la piste pour engloutir tous les résidus, comestibles ou non, jetés par dessus bord, l'émerillon était appâté d'un morceau de lard et filé à l'arrière au bout de sa chaîne. L'on voyait alors la hideuse bête, toujours accompagnée de ses petits pilotes nageant tranquillement près de son dos fauve, se renverser, nous montrer son ventre blanc et ouvrir la courbe de sa terrible mâchoire armée de plusieurs rangées de dents aiguës. L'appât était avalé gloutonnement et avec lui le crochet de fer, qui s'enfonçait dans les chairs de la bouche. Alors, c'était des cris de joie parmi les matelots. Pourvu qu'il ne s'échappe pas ! Vite un nœud coulant pour le glisser jusqu'à la queue, dont les mouvements sont redoutables. Le monstre sort de l'eau, se débat avec fureur, on le hisse non sans peine; le voilà sur le pont. Gare aux jambes ! avec des soubresauts désordonnés il frappe les bordages comme pour les défoncer. Ses petits yeux méchants expriment la rage impuissante et le désir de la vengeance. L'équipage est là, contemplant d'une joie farouche l'ennemi désarmé, mais encore dangereux; quand ses forces diminuent, le plus hardi, d'un coup de hache fait sauter la terrible queue; les autres, armés de leurs couteaux, s'approchent et l'achèvent; la scène est répugnante, elle paraît moins barbare si l'on songe à la haine instinctive du marin pour le féroce animal dont la voracité ne fait grâce à personne de ceux qui tombent à sa portée; on ouvre l'estomac pour en vérifier le contenu, on y fait quelquefois les plus étranges découvertes; le cœur est arraché, il continue à battre avec force et garde pendant plusieurs minutes ses mouvements rythmés dans la main qui le presse et plus longtemps encore si on le laisse libre sur une assiette. Le corps est déchiqueté et les débris sont lancés à la mer. Pourquoi les garder? La chair est détestable et ne peut s'utiliser que si elle provient d'un tout jeune animal.

Un autre jour, par un temps plus calme, plusieurs centaines de thons, pris de je ne sais quelle folie, viennent à petite distance faire des bonds désordonnés hors de l'eau; ils s'élançaient dans un effort vertical et retombaient lourdement en faisant rejaillir la mer autour d'eux. Un de nos matelots, pêcheur de profession, il s'appelait Charbonnier, lance son hameçon et amène à bord un des plus beaux : il pesait près de trente-cinq kilos; fou de joie d'une si belle prise, notre homme, dans un transport frénétique, se jette sur le poisson et l'étreint dans ses bras ; nous en avons bien ri. Insensible à cette caresse de crocodile, le pauvre animal ouvre convulsivement ses ouïes rosées et, dans un frémissement suprême, fait scintiller la resplendissante armure teintée d'outre-mer et de blanc-argenté de ses brillantes écailles. Ce fut, pour les repas de l'équipage, un sérieux appoint. et il figura aussi sur les menus de la table des passagers.

Quelquefois aussi, Bernard, notre second, allait se poster sur la martingale de beaupré, sa fouine à la main, et réussissait à harponner une bonite à la robe bleutée ou une dorade à la livrée éclatante. Quant aux poissons volants, pas n'était besoin de s'occuper d'eux : dans leurs élans affolés, lancés comme une flèche, ils passaient par dessus le bastingage incliné vers la mer et venaient étourdiment s'abattre sur le pont : il n'y avait plus qu'à les cueillir et à les porter sur le gril ; ils nous donnaient un plat délicat.

Tout cela est bien connu et a été narré souvent par les vieux navigateurs, mais tout cela je le voyais pour la première fois et je le raconte à ma façon, tel que je le retrouve dans mes notes rédigées sous l'impression du moment, me contentant d'en polir un peu la forme.

Depuis notre sortie du détroit, c'est-à-dire depuis environ deux semaines, aucune voile n'avait été signalée, quand, au lever du jour, la vigie crie : « Navire en vue », et tout le monde de se précipiter dehors. A l'extrême horizon un point se montre, indécis, à peine perceptible, puis grandit, prend forme, émerge peu à peu au-dessus de la ligne circulaire : à la lunette on reconnaît un trois-mâts allant vers le nord, bientôt il apparaît tout entier et nous distinguons mieux les détails de sa voilure et de sa coque : mais sa route est oblique par rapport à la nôtre : il s'éloigne, diminue et va disparaître à un autre point du cercle parfait dont nous sommes le centre et qui se déplace avec nous. Nos deux destinées, un instant rapprochées sur les larges routes du vaste Océan, vont diverger de nouveau, et cette rencontre fortuite, passagère, ne laissera, dans notre esprit, que le souvenir d'un court moment de distraction et de curiosité éveillée.

Cependant la température se modifiait sensiblement et de printanière devenait rapidement estivale, trop estivale même, car nous approchions de l'Equateur ; le 10, nous n'en étions plus distants que de six degrés et demi, et cependant nous n'étions pas près de l'atteindre. C'était plaisir, dès

la nuit terminée, de quitter son étroite cabine,
devenue étouffante, et de monter pieds nus et
pantalon retroussé sur la dunette, assister au lavage du pont et respirer les fraîches effluves de
l'heure matinale. Depuis quelques jours nous
avions dépouillé nos vêtements d'hiver et endossé
les étoffes légères. Les alizés perdaient de leur
force et de leur régularité ; des calmes plats, de
folles risées, de lourdes averses, des ciels chargés
de nuages sombres, zébrés d'éclairs livides avec
accompagnement de grondements sourds et pro-
longés comme les batteries de tambour dans un
convoi funèbre, de lourdes masses de vapeur
avec une chaleur pesante et orageuse avaient
remplacé la brise bienfaisante, qui, pendant dix
jours, nous avait si vivement accompagnés. C'était
la région voisine de la ligne, que les marins, dans
leur langage imagé, appellent le « Pot au noir ».
— « Quel poteau noir ? » demanda le jeune S....
un certain matin qu'il entendait prononcer pour la
première fois ce vocable. « Mais, mon ami, lui
fut-il répondu, vous vous êtes levé une heure trop
tard, sans cela vous l'auriez vu très distinctement,
car nous sommes venus le reconnaître et avons
passé à bonne portée ». Et notre jeune homme
de se lamenter de ne pas avoir été réveillé à temps.

Le 12, par un calme complet, la mer était unie comme un bain de mercure, avec de molles ondulations à peine sensibles. « Docteur, me dit Magnique, voulez-vous faire une promenade sur l'eau ? — Très volontiers, capitaine ». Et dans son canot, amené à l'instant, quatre matelots prennent place et arment les avirons. Michel et moi y descendons; notre guide se met au gouvernail. Nous nous éloignons d'une ou deux encâblures de notre demeure flottante. Dans l'air embrasé, pas un souffle ; le soleil, voilé par les nuages, laisse filtrer au travers des vapeurs épaisses une chaleur de fournaise, renforcée encore par la réverbération de la surface liquide ; l'eau est tiède et d'une transparence infinie ; notre navire langue mollement, tandis que ses voiles pendent flasques et inertes le long des mâts. L'excessive température nous oblige, au bout d'une demi-heure, à regagner le bord.

L'immobilité se prolonge : les grains orageux se succèdent, leur masse sombre, montant de l'horizon, se mouvant lentement, poussée par des souffles capricieux, se dessine en épaisses colonnes qui se déversent des nuages en stries verticales et font bouillonner l'eau sous leur chute pesante. Il en tombe le jour, il en tombe la nuit : averses bienfaisantes qui, dans leur abondance, remplissent en un moment les bailles et les seaux disposés en hâte pour les recevoir ; car l'eau douce, c'est une bénédiction ; on va laver le linge, s'ablutionner à grands flots, sans crainte d'être accusé de gaspillage. C'est un barbotage général. Quelquefois la douche intempestive surprend les passagers, que l'insupportable température des chambres a chassés sur la dunette pour y trouver quelques heures de sommeil, et alors, dans l'obscurité et sous l'ondée subite, c'est un sauve-qui-peut général, avec des cris, des éclats de rire et souvent aussi avec une literie trempée.

Du 13 au 18, mêmes chaleurs accablantes, même atmosphère pesante et saturée d'effluves électriques, même marche incertaine, nous déplaçant à peine de quelques milles, nous faisant retrouver chaque jour dans les mêmes parages. Couchers de soleil fantastiques avec des oppositions de couleurs, d'ombres opaques, d'éblouissants éclats, de reflets inénarrables. Nous ne sommes plus guère qu'à trois degrés au nord de l'Equateur, mais quand le franchirons-nous? Dans l'incertitude, les préparatifs du Passage de la Ligne se font avec une ardeur entourée d'un certain mystère.

Arnaud, notre charpentier, qui, dans la mascarade, doit tenir le principal rôle et représenter le Père la Ligne, s'est mis, malgré sa taciturnité habituelle, en confiance avec moi ; il vient me prier d'orner de quelques figures grotesques son chapeau de cérémonie. C'est pour moi l'occasion d'entrer dans les coulisses et de voir de près les costumes et les accessoires qui se fabriquent en secret : rasoir gigantesque pour le barbier, sabres, buffleteries et tricornes pour les gendarmes, perruques à cornes des diables, barbe postiche pour Neptune, appâts d'Amphitrite, sextant démesuré pour l'astronome, coiffure de Basile pour l'officiant, tout est presque à point, il n'y manque plus que la dernière main.

Bien volontiers, je vous ferais grâce d'un récit si souvent reproduit, si notre fête ne s'était terminée d'une façon absolument imprévue. Sans attendre notre entrée effective dans l'hémisphère austral, il est décidé que la journée du dimanche 19 sera consacrée au baptême solennel des néophytes, avec toutes les farces traditionnelles. Dès la veille au soir, réunis sur la dunette, nous attendons avec anxiété le prologue classique. Du haut des nues, une voix retentissante, surnaturelle, et pour cause, car elle est renforcée par le porte-voix du

bord, hèle le navire et somme le capitaine de recevoir le messager du Grand-Maître des régions
équatoriales. L'ambassadeur d'une si importante
divinité ne peut faire son entrée sans que les éléments s'émeuvent ; des détonations retentissent,
un nuage de grêle crève sur le pont et déverse avec
fureur les fayots de la cambuse. Le postillon, en-
fourchant son courrier à grandes oreilles, apparaît porteur d'un pli formidable, scellé des armes
de son puissant souverain, et le présente au capitaine ; celui-ci l'ouvre gravement et en prend connaissance ; il doit fournir sans retard le nom et
l'état-civil des passagers qui, pour la première fois,
pénètrent dans la zône sacrée ; demain ils rece-
vront le baptême et devront être vêtus de blanc,
s'ils n'ont pas atteint leur vingtième année. Mais
avant de se retirer, sous prétexte de nous distri-
buer les vivres frais que nous envoie son gracieux
maître, le meunier nous gratifie généreusement de
volées de farine. Le tout se termine par les liba-
tions qu'il est d'usage d'offrir aux acteurs. Ceux-ci,
mis en gaieté, éclairés fantastiquement par tous
les fanaux du bord, entonnent avec ensemble des
refrains maritimes et des chansons à boire, qu'Arnaud, de son bâton de chef d'orchestre, dirige
avec autorité, tandis qu'au dehors gronde le

tonnerre, sourdement dans la nuit ténébreuse et fournit un accompagnement de circonstance. Nous allons nous coucher sur ce lever de rideau joué et écouté dans les règles.

Le dimanche, au matin, nous voyons à tribord du grand mât se dresser l'autel, selon les rites. A côté, les fonts baptismaux et la planche à bascule se dissimulent traîtreusement sous l'étamine des pavillons. La manche à vent se dresse, prête à servir de chaire à l'orateur sacré ; la pompe est amorcée, les bailles et seaux, pleins jusqu'au bord, sont à portée. La voilure étant orientée pour le vent, chacun va derrière une toile se parer de son costume. Déjà nous entendons, dans un bruit de ferraille, sonner les chaînes des diablotins ; le nègre Lucas, horriblement maquillé en Lucifer, est à leur tête. Le Père la Ligne, Neptune, Amphitrite, le barbier, les gendarmes sont tous là, prêts à paraître, à défiler et à remplir leurs rôles. L'attente est à son comble, quand sur le coup de midi, de la dunette où nous sommes réunis, part le commandement de « Pare à virer » ! Chacun de se regarder. La brise change-t-elle ? La manœuvre est-elle urgente ? S'agit-il d'une facétie convenue ? Tous hésitent. Mais le commandement se répète, formel, précis, n'admettant plus de doute. En un clin d'œil, l'autel est démoli ; costumes et accessoires sont jetés par dessus bord, et nos douze matelots reparaissent en habits de travail et, la mine longue, exécutent la manœuvre. Bel exemple d'obéissance chez ces braves gens qui, depuis deux semaines, avaient si joyeusement compté sur une journée d'un plaisir bien gagné et s'y étaient préparés avec tant d'entrain. La déception n'était pas moins grande parmi nous et nous n'avons jamais su à quel mobile avait obéi notre capitaine, maître, après Dieu, à son bord. Nous fûmes réduits à nous doucher entre nous, mais sans enthousiasme. Le « pare à virer » intempestif avait jeté un froid général. La fête fut absolument manquée.

De folles risées en brises changeantes, de grains orageux en bourrasques tumultueuses, et toujours par une chaleur exaspérée, nous finissons par atteindre la Ligne ; nous la passons le 24 au matin, par 23° de longitude ouest. Depuis bien des soirs déjà, nous avions vu s'abaisser sur l'horizon, puis disparaître tout à fait les belles constellations familières à nos contrées ; et vers le sud il s'en élevait d'autres qui étaient nouvelles pour les jeunes voyageurs. Magnique, m'ayant trouvé élève de

bonne volonté, se plaisait à me les nommer et à
m'apprendre à les reconnaître.

D'ailleurs, nous ne trouvions pas grand bénéfice à avoir changé d'hémisphère. Si les calmes
équatoriaux avaient cessé, si le navire était sorti
de la zône décourageante où, pendant douze longues journées, il n'avait guère fait que tourner
sur lui-même comme un marcheur captif, si nous
faisions de nouveau écumer la lame sous la proue
impatiente, nous n'avancions guère en bonne
route. Nous étions encore assaillis par les dernières giboulées du Pot au noir, et les vents
alizés du sud, qui s'établissaient peu à peu,
nous barraient la route du Cap et nous rejetaient
dans l'Ouest, à notre grand dommage. La navigation à voile était coutumière de ces retards, de
ces contrariétés ; il fallait s'y résigner, mais non
sans sentir l'influence irritante de ces contre-
temps successifs ; les caractères devenaient grin-
cheux. Mars finissait, et avril, tout prochain,
n'allait pas nous apporter le printemps ; tout au
contraire, puisqu'en changeant d'hémisphère,
l'ordre des saisons se trouvait renversé pour
nous, et c'était de nouveau l'hiver avec ses gros
temps qui nous attendait dans les mers australes.

Au 1ᵉʳ avril, déjà éloignés de l'Equateur d'une quinzaine de degrés, nous trouvons la température plus douce ; à cette date, ma pensée se réfugiant dans les souvenirs d'il y a six mois, me rappelle les incidents du concours d'octobre précédent. Elle recommence aujourd'hui même à Toulon et dans nos autres écoles, cette lutte à laquelle j'ai pris part avec une chance insolente que je devais d'ailleurs payer plus tard, et mes camarades de collège et d'école vont la reprendre à nouveau. Je les vois perplexes et anxieux, attendant, avant les séances, la désignation de celui qui sera entendu le premier. Un nom sort de l'urne solennelle, et ce favorisé traitera le premier la question sortie d'un nouveau tirage pour être exposée successivement par tous les candidats de la journée. Ce bienheureux premier ne connaîtra pas le supplice de la bibliothèque subi par les autres combattants que l'un des membres du jury est allé renfermer dans un lieu de réclusion à la porte duquel viennent mourir tous les bruits du dehors, afin de les laisser ignorants, jusqu'au dernier moment, de la question qu'ils devront développer à leur tour. A Toulon une des salles de la bibliothèque était notre lieu de relégation. Les heures s'y traînaient pénibles et angoissantes ;

on y broyait le noir le plus foncé, on en sortait absolument déprimé. Lorsque la clef tournait dans les serrures successives, annonçant la libération de l'un des captifs et qu'un nouveau nom nous était jeté, nous jouions, sur un mode moins tragique et en sens inverse, le drame de l'appel des condamnés sous la Terreur ; mais chez nous, pour l'appelé, c'était la délivrance, l'heure de la lutte en liberté. Tout cela se présente à ma mémoire et je sens le choc en retour des émotions qui se succèdent ainsi jusqu'à la fin des rudes épreuves.

Le 2 survient un évènement lugubre, qui nous émeut tous jusqu'au fond de nos entrailles. Un des jeunes pourceaux réservés pour les jours de grande disette, entourés en conséquence d'une surveillance bien naturelle, échappe à notre sollicitude en se jetant follement à la mer. L'ingrat ne sait pas ce qui l'attend ; il va être déchiqueté avant peu et tout vif par les ignobles requins qui nous escortent, au lieu d'être saigné proprement à son jour, comme il convient à un porc de bonne éducation, et d'être préparé suivant les règles par le Vatel du bord. D'un œil navré, nous le voyons lutter contre les flots, puis disparaître dans un effort désespéré, nous privant ainsi des douces perspectives que ses jambons roses, sa hure savamment accommodée, ses aunes de boudins et de saucisses, ses rôtis savoureux nous avaient fait entrevoir. Paix à sa mémoire ! Il a payé d'une cruelle agonie sa fatale imprudence.

Pour nous consoler du désastre, la vigie, d'après les ordres reçus, scrutant avec persistance les parties occidentales de l'horizon, signale la terre le 5 au matin. Ce sont les îlots rocheux de Martin-Vaz, dont nous nous savions proches, sentinelles avancées de la petite île de la Trinité, distante elle-même d'environ deux cents lieues des côtes du Brésil. Nous l'apercevons dans l'éloignement, et sa présence nous permet de vérifier l'exactitude des calculs et de préciser notre situation. Mais cette constatation ne pouvait guère compenser l'ennui d'avoir été portés tant à l'ouest de notre route par les vents contraires. Ceux-ci ne nous empêchent pas cependant de dépasser, le 7, au matin, le tropique du Capricorne.

Le soir de ce même jour, le capitaine Martin, Chassaniol et moi réussissons à faire causer le silencieux Arnaud. Le succès n'était pas mince, car notre charpentier ne se livrait guère et son accueil n'était pas de nature à solliciter de lui des confidences. Cependant son aspect farouche ne

4

nous avait pas rebutés et nous pressentions qu'il valait mieux que sa mine. Sous ses noirs et épais sourcils, on lisait la détermination et le sang-froid. D'ailleurs, ouvrier habile et universel, tour à tour peintre, serrurier, forgeron, mécanicien, tourneur, ébéniste, il avait toutes les aptitudes manuelles. Dès le début, nous lui avions fait des avances discrètes et déjà il s'était départi avec nous trois de sa très grande réserve ; nous avions fini par devenir de ses amis. Ce qu'il nous raconte, il ne l'aurait pas dit à tous, et, pour le remercier, nous écoutons avec un complaisant intérêt le récit sobre et imagé de quelques-unes de ses aventures.

« J'ai servi, nous dit-il, pendant sept ans sur les navires de l'État ; puis j'ai navigué au commerce ; mon bateau était armé pour la Californie. La fièvre d'or y régnait dans toute sa violence. Elle me fait tourner la tête et je déserte ; ayant gagné quelque argent en m'employant à toutes les besognes sur les quais de San-Francisco, car le travail ne me fait pas peur, je monte aux placers. Messieurs, il serait trop long de vous raconter toutes les vicissitudes de cette lutte pour la vie, je vous souhaite de ne pas les connaître. L'existence était rude, et il fallait toujours avoir l'œil sur le voisin, toujours être prêt à se défendre contre les camarades, qui étaient pour la plupart de fameux sacripants. A ce dur métier, je finis par gagner 25,000 francs et je réussis à conserver ma peau. Pour moi, c'était la fortune, et je ne pensais qu'à rentrer en France. Mais, à San-Francisco, où j'allais m'embarquer, un de mes compagnons des placers me propose une spéculation qui semblait merveilleuse et pouvait en peu de temps tripler ou quadrupler mon petit capital. Je me laisse tenter ; il s'agissait de construire, à gros bénéfices, des baraques en bois pour loger les nouveaux arrivants, toujours plus nombreux. Les loyers étaient assurés et très rémunérateurs, mais nous avions compté sans le feu, et, dans une nuit d'incendie, la flamme dévora toutes nos maisons et nos espérances. Il me restait 6,000 francs. Ayant assez de la Californie, je pars pour Lima, espérant trouver l'occasion de rentrer en France. Au Pérou, je m'embarque sur un navire anglais allant au Brésil. Au large du cap Horn, assaillis par les tempêtes, nous sommes forcés d'abandonner notre bateau désemparé et coulant bas d'eau ; équipage et passagers se partagent entre les quatre embarcations du bord, juste à temps pour voir sombrer notre trois-mâts sous nos yeux.

Mais quelles chances avions-nous de nous en

tirer par un temps détestable, une mer démontée, dans ces canots si fragiles et à trois cents lieues de toute terre ! J'ai bien cru que je n'en reviendrais pas : un hasard inespéré nous fait rencontrer le lendemain un bateau espagnol qui opère notre sauvetage et nous conduit à Rio-Janeiro, et de là en Espagne, à Carthagène : là j'apprends qu'une amnistie était accordée aux matelots déserteurs du commerce ; je rentre en France et trouve à me placer sur le « Jeune Marseillais ». J'ai une santé de fer, je n'ai peur de rien. Voyez ma jambe gauche, elle a été cassée en deux endroits : j'ai eu aussi le bras droit fracturé. Oh! oui, j'en ai vu des misères et j'en verrai bien d'autres encore ; mais je me débrouillerai toujours. »

Le lendemain de ce récit auquel j'avais rêvé toute la nuit, c'était le 8, nous avons du nouveau et de l'inattendu à bord. Nous remarquons le visage préoccupé, presque courroucé du capitaine, il a des colloques animés avec le lieutenant. Parmi l'équipage règne une certaine émotion. Après le dîner, M. Magnique nous réunit pour nous exposer la situation. « En arrimant la cale à eau, on a constaté que quatre pièces estimées pleines, avaient coulé. C'était un mois d'approvisionnements perdu. Il nous restait à bord encore pour trente ou trente-cinq jours d'eau, quarante au plus en nous rationnant. C'était insuffisant pour atteindre le terme de notre traversée, car il fallait compter sur six semaines et probablement plus pour arriver à Maurice. Continuer dans ces conditions était imprudent. Il fallait donc songer à une relâche pour compléter la provision et écarter tout risque de mourir de soif, supplice le plus cruel que l'on puisse imaginer au milieu de l'eau et renouvelé de Tantale. Deux points de ravitaillement se présentaient : le cap de Bonne-Espérance qui était sur notre route et Rio-Janeiro qui nous en éloignait; mais le premier port était encore loin et, par les brises régnantes, il fallait compter sur une longue et pénible navigation pour y atteindre. Au contraire, Rio était sous le vent, à peine à 250 lieues et, en changeant la route, en laissant porter, nous pouvions y arriver en moins de cinq jours. Certes, c'est une perte de temps et d'argent pour l'armateur, mais le salut commun commande de prendre cette détermination. » Nous n'avions qu'à accepter la proposition et nous voilà mettant le cap sur les côtes du Brésil.

Il n'est pas bien sûr qu'au fond, médiocrement préoccupés des intérêts de l'armement, les passagers n'aient pas pris gaiement leur parti de cet incident, il nous valait une relâche inespérée dans un pays dont les splendeurs nous étaient suffisamment connues de réputation.

Nous n'avons jamais su, au juste, quel avait été le véritable motif de cette déconvenue du capitaine. Les pièces à eau avaient-elles été réellement percées par les rats, comme la chose nous fut racontée, ou bien, au départ, avait-on simplement oublié de les remplir, ce qui paraissait plus vraisemblable ? ou bien encore assistions-nous, témoins impassibles, à une vengeance de l'équipage, qui n'avait pas digéré le « Pare à virer » de la Ligne ? Je ne sais si, plus tard, la chose a été tirée au clair.

Décidément le guignon nous poursuit. A peine avons-nous pris notre nouvelle direction, que la brise change aussi ; elle nous eût été favorable pour continuer dans le S.-E. ; elle nous devint contraire pour gagner dans l'Ouest. Ce jour-là, les astronomes seuls, ont le droit de se réjouir ; ils peuvent distinguer nettement la planète Vénus, visible en plein jour.

Le 10, dans l'après-midi, un navire est en vue. Sa route croise la nôtre. Ce trois-mâts barque signalé est sans doute parti, comme nous, pour un long voyage ; il y a peu de chance pour qu'il ait à son bord une provision d'eau suffisante pour la partager avec nous. La chose est peu probable. N'importe ? Magnique, pour mettre sa conscience en repos et se couvrir vis-à-vis de son armateur, veut tenter l'aventure. Nous mettons en panne et faisons les signaux demandant à communiquer. Le trois-mâts répond, c'est un anglais de fort tonnage ; il imite notre manœuvre. Le temps est maniable et permet de mettre une embarcation à la mer. J'y prends place avec le lieutenant pour lui servir d'interprète. A moi Robertson, Mahmoud dont le grand vizir comprenait si bien le langage des oiseaux, à moi John Leunger ! c'est le moment de venir en aide à votre disciple fidèle. Après quelques coups d'aviron, nous sommes le long du bord de l'Anglais, qui nous envoie une amarre et la conversation s'engage. Par dessus le plat-bord, nous voyons toutes les têtes des fils d'Albion, rangées en ligne, nous regardant d'un œil curieux et bienveillant. Capitaine, matelots, passagers, personne n'y manque, même trois passagères qui ne semblent pas les moins intéressées. Tous ces visages sont florissants et réjouis ; sûrement leur régime est supérieur aux nôtres. Mais là n'est pas la question. J'expose ma requête, tant bien que mal, plus mal que bien. Un des passagers com-

prend un peu le français : il vient à mon secours.
Le navire a quitté Dundee, en Écosse, il y a cin-
quante-cinq jours, il va en Australie. Tout disposé
à nous céder assez d'eau pour atteindre la prochaine relâche, si nous sommes sur le point d'en
manquer absolument, mais il se déclare incapable
de nous fournir la quantité nécessaire pour remplir complètement nos pièces. La réponse était
ce qu'elle pouvait être : d'ailleurs accueil très cor-
dial, très empressé, on veut nous faire monter à
bord pour luncher et boire aux succès de nos
armes dans la mer Noire. Remercîments de notre
part, puis souhaits réciproques de bon voyage,
on se quitte en excellents termes et nous rentrons
rendre compte de notre mission. Le capitaine
Magnique peut dormir tranquille : il a tout fait
pour s'épargner la relâche de Rio ; mais le sort
en est jeté, nous ne pouvons plus l'éviter. Donc,
en route, et cette fois, sans plus d'hésitation,
pour le cap Frio.

Au retour, nous sommes très entourés, il faut
conter par le menu tous les détails de notre
excursion, répondre à toutes les questions.
« Quelle mine avaient les passagers ? — Superbe,
et je lance un regard oblique sur Magnique qui
reste impassible. — Et le capitaine ? — Figure

d'un bon vivant. — Et les passagères? sont-elles jolies? — Pas mal... pour la latitude. — Oh! docteur, vous faites le difficile! — Mais pas du tout; et bien mieux, je vous dirai sans détours que, sans vouloir en rien déprécier nos mérites plastiques, j'ai eu plaisir à voir d'autres figures que les nôtres; ça fait diversion. N'est-ce pas monsieur Bernard? » Le lieutenant ne me contredit pas et chacun de rire de ma boutade, car les humeurs étaient moins sombres depuis que nous faisions route pour le Brésil. Et jusqu'au soir, les conversations ne tarirent pas sur cet émouvant épisode.

Cette rencontre nous a désensorcelés et le vent redevient propice, avec ciel dégagé et température agréable. Des bandes de poissons volants partent comme des flèches d'argent de chaque côté du navire; ils fuient la poursuite acharnée des bonites et des dorades; à notre tour nous nous mettons de la partie et cherchons, avec des hameçons emplumés, à tromper la gourmandise de leurs persécutrices dont les chatoyantes écailles aux riches reflets d'or et d'acier excitent notre convoitise. Peine inutile; nos pêcheurs en sont pour leurs ruses.

Le 13, encore un navire en vue; grand troismâts à la puissante voilure faisant route vers le nord : c'est aussi un anglais ; mais moins courtois que notre ami d'il y a trois jours, il ne daigne pas répondre à nos signaux. Nous repassons en sens inverse le tropique du Capricorne : ainsi le veut la route que nous suivons depuis le 10, elle nous fait légèrement rebrousser au nord. C'est le Jeudi-Saint ; la cloche du bord, comme celle de nos églises de France, est partie pour Rome et ne pique plus les heures, elle restera muette jusqu'à la veille de la Résurrection. Simple et touchant hommage au souvenir des jours saints. En l'honneur de la solennité, le soleil se couche dans un décor d'une magnificence inouïe.

Le 15, dans le milieu du jour, après avoir contemplé les évolutions d'une baleine, qui lance par ses évents de puissants jets d'eau, nous entendons le matelot de vigie crier : « Terre à tribord ». Malgré la brume qui assombrit l'horizon, la côte nous apparaît, d'abord par îlots isolés, puis par une ligne continue et ondulée que domine le cap Frio, dont le feu devient visible vers le soir. Nous ne sommes plus qu'à soixante milles de l'entrée de la rade désirée, mais la nuit arrive et nous diminuons de voilure pour attendre le jour.

Le lendemain 16, c'était le jour de Pâques, et aussi un jour béni pour nous ; nous allons échanger les solitudes de l'Océan pour l'un des sites les plus renommés des régions tropicales. La joie était dans nos cœurs et dans nos yeux. Bien avant l'aurore, nous sommes sur le pont, intéressés déjà par les éclats intermittents du feu de l'île Rase. L'aube tarde bien pour notre impatience. Elle finit par se faire et nous montre, à travers les brouillards du matin, à bâbord l'île Ronde, pareille à une meule de foin, à tribord les îles Païa et Maïa. Peu à peu, le ciel s'éclaire et le jour naissant répand ses clartés sur les terres d'Amérique dont les lignes se dessinent plus nettement et dont le profil représente, dit-on, la silhouette d'un géant couché avec la tête de Louis XVI, qu'on ne saurait, paraît-il, méconnaître. Nous n'y contredisons pas, trouvant peut-être les analogies un peu forcées. Le soleil levant accentue les détails de la côte dont nous pouvons déjà distinguer la riche végétation tropicale ; à gauche le **Pain de Sucre** dresse sa masse pyramidale ; à droite, sur le fort Santa-Cruz. flottent les couleurs brésiliennes, le losange jaune aux quatre coins verts, avec les armes de l'empire au centre; droit en face, l'entrée de la baie et, tout au fond, les édifices de plus en plus visibles de la capitale. La brise du large nous fait franchir à bonne vitesse le goulet et atteindre le mouillage, en face du fort Villegagnon, où nous laissons tomber l'ancre, attendant la visite de la douane et du service sanitaire, ces deux institutions fondamentales du pays. C'est le moment d'aller soigner les barbes incultes et de remplacer les vêtements négligés du bord par un costume mieux approprié aux circonstances.

Comment dépeindre notre enthousiasme en présence du magnifique panorama qui se déroule autour de nous ! Partout des îlots boisés, des collines verdoyantes, dont la teinte chaude se détachait merveilleusement sur l'azur d'un ciel lim-

pide ; partout, au milieu des ombrages, s'élèvent
de gracieuses habitations, de gais villages, de
blancs campaniles, d'importants édifices ; derrière
ce premier plan, s'étage l'imposante succession
des montagnes, superposant leurs masses, s'estom-
pant dans l'espace bleu jusqu'au fond de la vaste
baie et, plus loin encore, dans l'intérieur des
terres. Plus près de nous, à gauche, la plage de
Botafogo et ses villas ; puis la cité avec ses
clochers d'où s'envolent de joyeuses sonneries,
ses arsenaux, son port de commerce, le mouillage
des bâtiments de guerre ; tout à droite, Praya-
grande et les coteaux de San-Domingo et de Nit-
cheroy avec leurs élégantes demeures, devenues,
quarante ans plus tard, les témoins des luttes
d'une funeste guerre civile. Et au milieu de ce
cadre resplendissant, sous un soleil radieux, des
embarcations de toutes formes et de toutes grandeurs, avec des tentes à l'arrière, circulent à la
voile, à la rame, à la vapeur, animant de leurs
évolutions incessantes les eaux de la vaste rade
où viennent s'ébattre, avec des cris discordants,
les oiseaux de la haute mer.

Pourquoi refaire une description que connais-
sent tous les lecteurs de récits de voyage ? Nous

restions sous le charme en poussant des exclamations admiratives.

Les cérémonies des visites sanitaire et douanière, d'une minutie enfantine et tracassière, sont enfin terminées. Dans une fine yole, armée par quatre vigoureux nègres, dont les longs avirons nous font voler sur l'eau, nous atteignons en un instant la rive. Ici, le désenchantement commence : un informe débarcadère en planches nous conduit sur une plage frangée de détritus suspects et de fucus flottants ; ni quai, ni pavage ; nous traversons le sol poudreux et inégal d'une place sans grandeur pour chercher asile à l'hôtel Pharoux, qui ouvre volontiers ses portes à tous les compatriotes des propriétaires.

Vite une promenade par les rues principales, pour prendre la physionomie générale de la ville : tout d'abord la place du palais, vaste, irrégulière, sans ombrages ; le palais, lui-même, d'une architecture lourde et commune. L'empereur Don Pedro, en ce jour de fête, a quitté sa résidence suburbaine de São Cristovão ; ses équipages l'attendent ; tout nous surprend désagréablement : la livrée des gens est banale et voyante, les uniformes de la garde sont de mauvais goût, tout est clinquant, criard. Les huissiers, vêtus comme à la parade, nous laissent pénétrer dans les cours et les vestibules ; il suffit pour cela de garder la tête nue, nous y consentons de grand cœur, mais ne rapportons aucune impression favorable de cette visite.

Nous voilà maintenant hors de la demeure impériale, flânant devant les magasins, pour la plupart français, de la longue rue d'Ouvidor, la plus belle de la ville ; nous parcourons aussi la rue du Sabào jusqu'à la place Santa-Anna, au milieu de laquelle se dresse la vulgaire bàtisse d'un théâtre. Autre théâtre sur la place, plus élégante, de la Constituçào ; c'est celui de Sào Pedro d'Alcantara. Tout cela sans grand caractère et d'un style rococo. Les églises seules, avec leur riche ornementation, offrent quelque originalité.

Ici le carnaval reprend ses droits dès le carème terminé et les affiches nous annoncent pour le soir même, saint dimanche de Pàques, un bal masqué au théâtre d'Alcantara ; on nous dit que la bonne société ne dédaigne pas de s'y rendre en spectatrice ; c'est une occasion d'aller la voir de près, et nous n'avons garde de la manquer. Beaucoup de dames dans les loges et dans la salle ; elles regardent d'un œil indifférent, et sans que leur pudeur s'effaoruche, les déhanchements sans conviction de quelques danseurs grotesques, de quelques impures assez mal fagotées. Aucun costume original; dans les loges les toilettes manquent de fraîcheur, comme les visages dont le teint mat ou brouillé nous fait regretter les couleurs et les mines émoustillantes de nos compatriotes. Tout cela est terne: et, sans regrets, nous quittons la fête pour aller trouver à l'hôtel Pharoux un repos bien gagné.

Nuit calme, sans roulis ni tangage, sans bruissement des lames, sans sifflement de la brise, dans une chambre vaste, aérée. où le matin la lumière entre à flots. Depuis deux mois, nous n'avions pu goûter pareil bien-être. Mais la curiosité nous aiguillonne et nous chasse de bonne heure hors de notre moustiquaire. Ah! les bonnes et copieuses ablutions avec de la belle eau claire en abondance! En route pour le marché, le bazar, comme on dit ici. Veut-on dans un pays nouveau prendre la notion rapide des types indigènes et des produits de la région, c'est au marché, qu'il faut aller la chercher; il est rare qu'on ne l'y rencontre pas. Ici c'est sur la place du palais qu'il se tient, sous une vaste halle, en face d'un obélisque de granit qui vomit l'eau par des têtes de dauphin.

Quel bruit assourdissant, quels caquetages désordonnés ! Les interpellations se croisent, se succèdent dans un âpre jargon et sur des notes de crécelles. Les négresses à demi-vêtues de falbalas en haillons et de loques indescriptibles, le brûle-gueule aux dents et le marmot dans l'échine, crient leurs marchandises, arrêtent les passants, veulent leur vendre tous les fruits du pays : ces belles oranges vertes, si sucrées et si jûteuses malgré leur couleur trompeuse, les régimes de bananes, les ananas, les goïaves, les mangues, et tout le reste. Les volailles gloussent, piaillent, les oiseaux parleurs jettent leurs notes stridentes, les singes grimacent, et dans tous les passages circule une foule affairée de nègres, d'esclaves, de métis de toutes nuances, d'agents de police, de matelots étrangers venus aux provisions, et de quelques badauds qui, comme nous, regardent tout ce mouvement, tout ce monde bariolé, et se délectent de la nouveauté et de la variété du spectacle.

Depuis que nous avons parcouru les principaux quartiers de la ville, elle a perdu tout son prestige. Allons à la campagne, elle nous garde des surprises sans déceptions et de nouveaux enchantements. Vue de près elle nous charmera encore. Sur le conseil de Mme Pharoux, nous prenons, au débarcadère de l'hôtel, le petit steamer qui fait le service de Sao Domingo. Pour compagnon de promenade, j'ai aujourd'hui M. Nant, un de nos passagers pour Maurice ; sa bonne éducation et son aimable égalité d'humeur m'ont fait me rapprocher de lui dès le début du voyage ; et pour cette excursion, dont on nous vante les beautés, sa société est un agrément de plus. La traversée n'est pas longue ; en quelques minutes nous abordons sur l'autre rive de la baie, où nous reçoit une plage enchanteresse. Sous d'opulents ombrages sont coquettement disséminées d'élégantes villas où viennent se délasser les commerçants de la ville. Tout y respire le bien-être et le confort. La verdure est débordante, les sveltes palmiers mêlent leurs panaches découpés à l'épaisse frondaison des grands arbres exotiques, les lianes entrelacent leurs tiges assouplies. Toute la flore tropicale se déploie dans une splendeur inouïe. Au milieu des branches, autour des fleurs largement épanouies, volètent de minuscules oiseaux aux brillants reflets métalliques, tandis que de larges papillons étalent dans un vol capricieux le velours mordoré de leurs ailes magnifiquement peintes.

Tout au bord de la plage, une hôtellerie de mine engageante se présente à nous. L'enseigne est française ; ce n'est pas un leurre ; l'obligeant propriétaire, enchanté de recevoir des compatriotes, nous sert, sous une tonnelle ouverte vers la rade, un menu délicat où les mets de la patrie, arrosés d'un fin Sauterne, sont accompagnés de quelques échantillons de la cuisine locale.

> Nunc vino pellite curas
> Cras ingens iterabimus æquor.

Sous l'ombre discrète de notre abri rustique, par une douce brise tempérant les ardeurs du midi, l'estomac satisfait et les pieds sous la table, nous admirons dans une béate quiétude les magnificences du paysage, depuis les sommets étrangement découpés des montagnes des Orgues, tout au fond de la baie, jusqu'aux sinuosités multiples, aux îles sans nombre qui donnent à la vaste nappe d'eau bleue un aspect grandiose et toujours varié, et en font, sans conteste, un des plus beaux sites du monde.

Il faut pourtant s'arracher à cette contemplation et reprendre le steamer qui nous ramène en ville ; nous y retrouvons le mouvement affairé, l'agitation de la cité commerciale, l'activité d'une jeune nation disposée à tirer parti de toutes les richesses naturelles d'un pays neuf et plein d'avenir, où déjà toutes les compétitions se surveillent et se heurtent. Le gouvernement britannique paraissait alors s'intéresser vivement à ce mouvement d'expansion du peuple brésilien, car il entretenait sur place une importante station navale où figuraient deux frégates et plusieurs avisos.

LE lendemain 18, nous regagnons le bord, emportant avec d'inoubliables souvenirs quelques provisions fraîches, destinées à varier un peu, dans les premiers jours, le régime sévère et monotone que nous allions reprendre. Vous penserez peut-être qu'après avoir goûté des douceurs de la terre, nous allons retrouver plus étroite et plus maussade notre demeure flottante où déjà nous avons enduré quelques misères. Et cependant c'est avec un sentiment tout autre que nous nous retrouvons sur notre bateau, devenu notre home, notre habitation, auquel nous resterons attachés jusqu'à la fin du voyage.

Le 19, au matin, les préparatifs d'appareillage sont terminés, et, chose singulière, au départ se reproduisent les formalités de la douane et de la santé. Il paraît que c'est inévitable et que tout l'équilibre de l'empire brésilien repose sur ces austères pratiques. Nous levons l'ancre, et la brise de terre active notre sortie. Un dernier regard sur toutes les splendeurs déjà admirées, sur le fort Santa-Cruz, sur le fort Saô-Joao, qui commandent la passe de chaque côté, sur le Pào de Assucar, qui la domine à l'ouest, sur les contreforts escarpés du Corcovado, et nous voilà de nouveau sur la vaste mer, tandis que les crrest brésiliennes s'éloignent et, vers le soir, disparaissent successivement sous l'horizon.

À part notre relâche imprévue à Rio, pour nous passagers véritable bonne fortune sur laquelle au départ nous ne pouvions compter, cette première partie de notre voyage avait été d'un agrément médiocre. La seconde phase de notre traversée, d'une durée presque égale, devait être encore plus pénible, plus assombrie par les contrariétés de navigation. Il serait fastidieux d'en donner le détail. Des brises défavorables, des calmes intempestifs, des séries de coups de vent allant quelquefois jusqu'à la tempête, des mers démontées, des pluies torrentielles amenant une

humidité pénétrante, des ciels brouillés et sombres, souvent la réclusion forcée, à laquelle nous
contraignait la persistance des tourmentes de la
mauvaise saison, le spleen et l'aigrissement des
caractères les plus résignés, conséquence presque
forcée de cette continuité de la chance mauvaise,
l'espoir de l'arrivée reculant sans cesse devant
nous, tout cela était fait pour porter à l'hypocon-
drie et aux humeurs noires. Nous n'y manquions
pas, pour notre malheur. A certains jours, l'exas-
pération de l'ennui nous rendait féroces et prêts à
nous jeter les uns sur les autres, comme des ani-
maux enragés. Plusieurs conflits, heureusement
arrêtés à temps, faillirent éclater.

De loin en loin une embellie, hélas ! de trop
courte durée, venait apaiser nos tempéraments
devenus par trop irascibles, et quand apparaissait
un coin de ciel bleu, quand la mer, plus tranquille,
reprenait sa teinte azurée, nos figures quittaient
pour un moment leurs sombres expressions ;
l'aménité et l'indulgence reprenaient leurs droits,
rendant les rapports moins tendus. On sortait du
farouche silence dans lequel on s'était enfermé ;
on reprenait les parties de rheims et de polignac
interrompues la veille par une querelle qui menaçait de tourner au tragique et l'on jouait des

quantités innombrables de douzaines d'huîtres que les perdants devaient offrir pendant la relâche à Maurice, à l'île Maurice, devenue pour nous la terre promise après tant de traverses, à Maurice dont nous séparaient encore de longues distances, à peine diminuées chaque jour par une navigation si peu favorisée.

Que nous restait-il pour nous distraire ? Les promenades sur le pont et la dunette devenaient de plus en plus rares ; nous en étions rapidement chassés par des averses incessantes, par l'aspect lamentable du ciel et des eaux, par les mouvements brusques et désordonnés du navire rendant toute déambulation pénible et souvent dangereuse. Au carré et dans les cabines, tout suintait l'ennui et l'humidité ; pas de repos nulle part, mais partout la demi-obscurité d'un jour bas et triste ; les émanations désagréables et malsaines des eaux croupissantes de la sentine, remuées par le désordre des lames ; toute occupation devenue le plus souvent impossible. Comment, en de pareilles conditions, éviter la dépression morale, garder une belle sérénité d'âme ?

Une ressource nous restait, et nous en profitions avec avidité, dès qu'un temps plus maniable nous permettait, pendant quelques instants, de mettre le nez dehors. C'était le spectacle des évolutions des énormes palmipèdes, des grands voiliers de haute mer, compagnons fidèles et affamés des navires traversant cette région. A côté de ces géants de l'air : albatros, malamocs, frégates, oiseaux pêcheurs, plongeurs, chasseurs, écumeurs des vagues glauques, il y avait tout un peuple, aux dimensions moindres, de pétrels de tailles et de plumages variés, depuis les minuscules alcyons au vol capricieux et saccadé toujours présents par les temps chargés de menaces, jusqu'aux damiers à la robe de deuil, avec leur tête brune, leurs ailes tachetées en-dessous de blanc et de noir alternés, faisant contraste avec la blancheur des dessous.

Les premiers voletaient tout près de la surface, s'aidant parfois de leurs pattes pour pagayer sur l'eau, comme s'ils marchaient véritablement sur la vague mobile, méritant bien leur surnom d'oiseaux des tempêtes, par la régularité de leur présence chaque fois que les grandes tourmentes, soufflant des régions australes, venaient nous assaillir, mêlés à l'écume volante, suivant toutes les agitations de la mer irritée, paraissant et disparaissant dans le creux des grandes lames, contrastant par leur petitesse et leur faiblesse apparentes avec le désordre des éléments déchaînés, au milieu desquels ils se mouvaient très à l'aise ; ils ne méritaient pas moins d'être appelés satanides, tant ils semblaient une émanation fantastique de puissances diaboliques et surnaturelles. D'ailleurs très méfiants, ils ne se laissaient jamais séduire par l'amorce trompeuse et savaient habilement choisir les appâts inoffensifs.

Les damiers, au contraire, ont moins d'astuce, et si leur chair huileuse est un maigre régal pour l'ordinaire de nos matelots, la singularité de leur plumage en fait une prise de choix pour les amateurs de collections. Instruit par les leçons du capitaine Magnique, habile en plus d'un art, j'avais appris à les mettre en peau, et longtemps un de ceux que j'avais réussi à préparer assez proprement, après quelques essais malheureux, a orné mon bureau, pour aller plus tard figurer dans les vitrines du musée d'histoire naturelle de notre école de Toulon. Quand l'hameçon, accroché dans la courbure de leur bec, les amène à bord et qu'ils prennent pied sur les bordages du pont, rien ne saurait rendre l'embarras de leur démarche. La conformation de leurs pattes palmées leur rend toute course impossible sur ce sol nouveau ; étonnés de leur maladresse, ils cherchent à s'enlever, mais privés du point d'appui ordinaire, qu'ils trouvent à la surface des vagues, ils n'y réussissent pas ; aussi peut-on, sans crainte de les perdre, les laisser libres, ils ne peuvent s'échapper ; et voulions-nous les rendre à cette liberté que nous leur avions ravie, il fallait, après plusieurs manœuvres infructueuses, les lancer dans l'espace hors du navire, et encore ne reprenaient-ils l'usage complet de leurs ailes, qu'après un moment d'hésitation. Si, au contraire, nous les gardions, ils ne tardaient pas à rejeter une sorte de liquide huileux et semblaient souffrir toutes les angoisses d'un triste passager que terrasse l'horrible mal de mer.

Des captures plus nobles étaient celles des albatros, de ces beaux gros moutons du Cap dont la gourmandise rendait la prise facile. Tout d'abord on les voyait planant au-dessus de nos têtes, nous regardant de haut d'un œil indifférent, nous montrant la blancheur éclatante de la face inférieure de leurs larges ailes, les pieds enfouis dans le duvet du ventre, semblant immobiles et se maintenant sans efforts apparents au milieu des terribles rafales qui fouettaient le grément et faisaient craquer la mâture. Une légère oscillation de leurs puissantes rémiges, un mouvement imperceptible de leur queue ramassée suffisent à modifier la vitesse et à changer la direction de leur vol. Ils étaient vraiment beaux et élégants dans ces manœuvres qui paraissaient leur coûter si peu. Puis ils ne tardaient pas à reconnaître dans notre sillage le sautillement des tentatrices amorces, morceaux de lard, de viande salée, dissimulant le perfide hameçon, que notre marche entraînait derrière nous. L'oiseau, affriandé, venait par une descente disgracieuse, se poser tout auprès du mets convoité, nageant à sa suite, — et alors on filait la ligne, — plongeait la tête à plusieurs reprises pour atteindre sa proie et l'avalait avidement ; mais le fer pénétrait dans la mandibule, et le glouton, se sentant pris et entraîné, se raidissait de toutes ses forces, étendait ses vastes ailes à la surface de l'eau pour augmenter la résistance, nous obligeait à de grands efforts pour le hisser jusqu'à nous : une fois hors de l'eau, se croyant libre, il essayait de reprendre son vol, mais la ligne impitoyable le ramenait de nouveau et finissait par le déposer à nos pieds sur la dunette ; il nous regardait alors d'un air étonné et pacifique et n'essayait plus de fuir. Un matelot, par précaution, ligottait son bec puissant, mais assez inoffensif et nous pouvions contempler à l'aise ses imposantes dimensions, la bigarrure de son magnifique plumage, la belle envergure de ses ailes déployées, l'épaisseur et la finesse de son duvet soyeux. Jamais de couleurs éclatantes sur sa robe mouchetée de bruns délicats, de gris harmonieux, admirablement mélangés en des dessins divers, en des effets chatoyants, avec une étonnante variété d'un individu à l'autre.

Quelquefois aussi nos chasseurs sortaient leurs fusils et leurs munitions et envoyaient leurs charges sur ce gibier de haute volée. Le plus souvent, c'était poudre perdue ; le plomb et même la balle déviaient sur cette épaisse et lisse toison ; on voyait les plumes voler, et, après un court arrêt, l'animal reprenait son allure. Une seule fois, un coup plus heureux l'abattit ; c'était un superbe albatros de cette variété que les taches blanches de ses ailes, pareilles aux étoiles ornant les parements des officiers généraux, ont fait surnommer l'amiral. Il tourbillonne et tombe comme une masse, le cou et les ailes étendues sur l'eau, tandis qu'un filet de sang vermeil coule d'entre ses mandibules. Aussitôt, de tous les points de l'horizon, nous voyons arriver à tire-d'ailes toute la gent emplumée du voisinage ; il y en avait de toutes sortes, de toutes grandeurs, et tandis que notre marche nous éloigne du lieu de la curée, nous pouvons contempler les batailles acharnées que ces vautours de la mer se livrent autour du cadavre de leur malheureux frère. Toujours et partout, sur mer comme sur terre, la lutte pour la vie.

Quand le moment était venu de sacrifier ceux que l'on avait réussi à pêcher, l'on s'en partageait les dépouilles : la tête et ses mandibules aux naturalistes ; aux fumeurs, les pattes dont la membrane palmée sert, après préparation, à confectionner des blagues fort estimées ; et aussi les os des ailes, radius et cubitus effilés, dont on fabrique des tuyaux de pipe, d'un culottage très apprécié ; le duvet, aux amis d'un coucher moelleux et chaud.

Voilà qui faisait un peu diversion à nos ennuis, et nous passions de longs moments à suivre les procédés de pêche des plongeurs se laissant tomber de haut dans une chute brusque et verticale pour disparaître un moment sous l'eau et revenir ensuite, portant au bec leur capture encore vivante.

Moins souvent nous avions l'occasion d'apercevoir quelques frégates, facilement reconnaissables à leurs ailes aigües, à leur queue à double pointe, à leurs formes élancées, à la rapidité de leur infatigable allure ; jamais nous ne les avons vues se poser sur l'eau ; jamais elles ne s'approchaient à portée de nos fusils. Il fallait se contenter de les contempler de loin. Nous étions plus heureux avec une espèce que les marins appellent des Fous : je ne sais trop pourquoi, car ils ne paraissent pas plus dénués de bon sens que leurs compagnons et ne se laissaient guère prendre plus aisément. Les teintes noirâtres de leur plumage, la pointe acérée de leurs griffes, leurs dimensions moindres les faisaient distinguer des autres variétés de tous ces grands pélagiens dont les mœurs ont été si bien observées et décrites par nos savants naturalistes de la médecine navale, les Quoy, les Lesson, les Gaimard. D'où arrivent-ils, avec leurs cris rauques et discordants, ces pirates ailés dont la troupe se rassemble dès qu'une proie est signalée, toujours prêts à satisfaire leur voracité, tourbillonnant autour des navires, sachant que dans leur sillage ils trouveront toujours quelques bribes à recueillir, épiant de haut, dans la transparence des vagues, le passage du poisson qu'ils convoitent ? Viennent-ils des îles éparses dans l'Atlantique, des sombres rochers de Tristan d'Acùnha, ou bien encore des lointaines terres australes qu'ils abandonnent pour se rapprocher des routes fréquentées, poussant quelquefois jusqu'à l'Equateur, mais se tenant plus volontiers entre les trentième et quarante-cinquième degrés de latitude sud, où ils ont plus de chances de rencontrer les navires ?

Lentement, nous avancions dans cette longue route oblique partant des rivages du Brésil pour aller contourner le cap des Tempêtes, coupant diagonalement tout l'Atlantique-sud ; notre marche si contrariée nous prend la fin d'avril et une grande partie de mai, de ce mois de mai qui a ramené le doux printemps là-bas, bien loin, dans le ciel béni de la patrie, tandis que pour nous c'est le recommencement de l'hiver laissé derrière nous deux mois auparavant. Et dans cet intervalle, nous avons passé en quelques semaines par une très courte belle saison, par les ardeurs torrides d'un été équatorial et par les intempéries renaissantes d'un automne agité ; inévitable succession de nos changements constants de latitudes, contrastes incessants dans la vie du marin.

Le 5 mai, notre capitaine, pieusement attaché au souvenir du captif de Sainte-Hélène, fait mettre le pavillon en berne, en commémoration de la date de sa mort. Le 9 et le 10, nous sommes assaillis par une tempête des plus sévères, le navire fatigue beaucoup, son personnel aussi ; on prend la cape sèche, et, néanmoins, nous cassons notre vergue de misaine ; il faut vingt-quatre heures de travail ininterrompu pour la dégréer, garnir et mettre en place la vergue de rechange. Encore du retard, et pendant la réparation de cette avarie, notre bateau, mal appuyé, se livre à une danse folle. Nous en perdons le sommeil et l'appétit, tout le monde est exténué, même ceux dont la seule occupation consiste à assurer leur propre stabilité, à éviter les chutes et les projections brutales.

Le 14, nous songeons, non sans mélancolie, que partis depuis trois mois, nous pourrions, avec la durée d'une traversée moyenne, être à la fin de nos tribulations, tandis que nous sommes loin encore du but. Le ciel est surchargé de pluie ; des grains à tous les coins de l'horizon ; parfois un rayon blafard s'insinue par une étroite percée dans l'épaisseur des nuages, et, tout à l'opposé se montre, en une sorte d'image ramassée, les couleurs du prisme, comme un fragment d'un arc-en-ciel mutilé ; le phénomène se reproduit à plusieurs reprises dans la même journée. Le 17, nous nous trouvons par le méridien de Paris, notre midi coïncide avec celui qui sonne aux foyers regrettés ; depuis notre départ, nous avons retardé sur l'heure de France et maintenant, continuant notre marche vers l'est, nous allons prendre de l'avance. Cela semble nous porter bonheur ; pendant quelques jours, nous jouissons d'un repos relatif, nous avons une trêve des éléments. Bien plus, le 21 le temps est assez beau, la brise assez favorable pour mettre toutes voiles dessus, larguer les cacatois, gréer les bonnettes fort étonnées de voir le soleil et de se déployer à la brise.

Nous approchons du cap de Bonne-Espérance ; aujourd'hui appelons-le ainsi, puisque l'espoir revient avec le vent arrière. La mer change de couleur, se nuance de vert, prenant ainsi la couleur symbolique de la situation. Le capitaine, plus prosaïquement, affirme que les fonds du banc des aiguilles, sur lesquels nous passons, en sont cause. Va pour les fonds aux tons d'émeraude, mais j'aimais mieux l'autre interprétation.

Le 24, la longitude de l'extrême pointe méridionale du continent africain est dépassée, et sans transition apparente, sans franchir de visibles limites, nous quittons les flots de l'Atlantique, dont nous n'oublierons pas de longtemps les rudes caresses, et devant nous s'ouvrent de nouveaux horizons : c'est l'océan Indien. Que nous réserve-t-il ? Combien de temps me gardera-t-il ? Irai-je quelque jour visiter ses rives si variées, les pays si différents qu'il baigne, les côtes inhospitalières de l'Afrique et de la grande île Malgache, les plages désolées de l'Arabie, les cités merveilleuses de la péninsule indienne, les terres malaises, les régions inexplorées de l'Australie ? Que de peuples, que de races, que de mœurs étranges, que de migrations, que de luttes autour de ce vaste bassin ! Questions bien naturelles que se posait ma jeune imagination de voyageur novice et avide de sensations nouvelles, d'explorations iné-dites, d'aventures imprévues. Ah ! ces joyeux élans du printemps de la vie, ce naïf enthou-siasme, que ne le retrouve-t-on sur le tard !

Les jours se suivent, selon la formule, sans se ressembler ; le 26, calme ; le 27, bourrasque tu-multueuse ; calme de nouveau le 28, tandis que les journées du 29, du 30 et du 31 nous gratifient d'un vent debout carabiné, nous obligeant à pren-dre tantôt la cape sèche, tantôt la cape courante suivant la violence des rafales. Ainsi se termine notre lugubre mois de mai qui laisse une tache sombre dans mes souvenirs, avec l'obsession de l'arrivée.

Juin, qui commence, nous sera, nous l'espérons, plus propice. Le but approche ; encore quelques jours et nous l'atteindrons, si cependant le guignon cesse de nous poursuivre ; mais il ne peut se résigner à nous abandonner tout à fait, et pendant encore une semaine il nous taquine, mais d'une façon moins sévère. Le 2, il nous favorise d'un orage d'une violence peu commune, pendant lequel, le soir venu, la pointe de nos mâts se panache d'aigrettes électriques ; le 4 et le 5, il nous ménage un calme irritant ; le 6 et le 7, des brises changeantes et contraires, comme pour nous faire sentir le voisinage de l'entrée du canal de Mozambique. Il semble nous quitter tout à fait vers le 8. Le vent rallie le sud-est et s'y maintient, marquant ainsi notre entrée dans la zone de la mousson régulière. Nous voilà bien en route, faisant de belles journées, ressentant la bienfaisante influence de l'approche du tropique du Capricorne que nous allons franchir pour la quatrième fois depuis le 7 avril ; le 13 juin il est dépassé.

Le thermomètre remonte ; la température redevient clémente. Nous dépouillons de nouveau les lourds vêtements d'hiver qu'il avait fallu endosser à l'approche du cap ; les nuits sont belles, le ciel,

dégagé des sinistres vapeurs dont il a été si longtemps chargé, a repris sa jolie teinte azurée, parcouru joyeusement par de légers nuages flocon-
neux. Les oiseaux des mers troublées se font de
plus en plus rares ; à leur place, d'élégants paille-
en-queue viennent agiter leurs pennes minces et
flexibles autour de nos girouettes. L'allégresse
est dans nos cœurs. Après avoir versé des larmes
de crocodiles affamés sur le sort de notre ami
Pierrot, le dernier survivant de notre porcherie,
le frère de celui qui se jeta si tragiquement dans
les flots de l'Atlantique, pour nous rendre favorables les divinités maritimes nous le livrons au
couteau du cuisinier. Nous nous régalons de ses
dépouilles pendant plusieurs repas. Pauvre Pierrot ! Chassaniol, qui taquine la muse, célèbre,
dans des rimes émues, la fin de sa noble existence
et chante ses précieux mérites.

Le croiriez-vous ? Nous sommes redevenus d'une
humeur charmante, d'une inaltérable affabilité,
nous ne nous découvrons mutuellement que
d'aimables qualités. Toutes nos misères, encore
récentes, sont presque oubliées. Est-on plus favorisé sur la terre ferme ? Les beaux jours n'y sont-
ils pas également clairsemés au milieu d'innombrables intempéries ? Notre traversée n'est-elle pas

en petit l'image de la vie où les moments de quiétude sont si rares, tandis que l'on ne compte plus la succession désolante des contrariétés de tout genre, sans compter de temps en temps les grandes douleurs ? Ah ! que la résignation et la philosophie deviennent faciles, dès que le ciel reprend sa sérénité !

Chaque point de midi nous rapproche assez rapidement de Maurice, que nous devons aborder par le côté « du vent », c'est-à-dire par l'est. Le 14, nous n'en sommes plus distants que de quatre-vingt milles ; avec un peu de chance, peut-être verrons-nous la terre ce soir. Notre espérance est déçue et le soleil se couche sans que rien ne soit signalé. Pour tromper notre impatience, nous faisons nos préparatifs de débarquement ; nos malles sont montées de la cale ; nous en sortons les vêtements un peu fripés par une longue réclusion. Le navire lui-même fait un brin de toilette, se nettoie, se pomponne, cherche à faire disparaître le désordre de son grément, les souillures de sa carène. Tout prend de plus en plus un air de fête.

Le 15, bien avant l'aurore, nous nous trouvons réunis sur la dunette, fouillant l'horizon du regard. Le temps est brouillé ; de noires nuées sillonnent le ciel et nous arrosent de fréquentes averses. Enfin, entre deux grains, la terre paraît : d'abord des îlots placés en avant-garde : l'île Ronde, l'île aux Serpents. Le jour se fait et l'ensemble de Maurice se dessine à l'Occident. Son profil est étrange : sur une longue étendue d'horizon, au-dessus des plaines basses du littoral, s'élève la ligne sinueuse et dentelée de hauteurs d'une forme bizarre : au sud-est la montagne de la Découverte, puis les escarpements du Rempart, le piton du Milieu, la montagne du Pouce qui signale Port-Louis, et, tout au centre, trois massifs d'aspect plus singulier encore, hauts de plus de huit cents mètres ; les trois Mamelles, dont l'une, le Pieter Bott, est surmontée d'un énorme bloc surplombant de sa masse menaçante les pentes de ses flancs abrupts. Il semble en équilibre instable sur son étroite base, toujours prêt, dans une chute presque verticale, à culbuter, à tout écraser sous ses formidables débris. Peut-être dans quelque cataclysme apocalyptique, effrité par les érosions, ébranlé par les tempêtes, renversé par un cyclone d'une violence inconnue, est-il destiné à s'abattre, monstrueuse avalanche de roches, et à répandre tout à l'entour la désolation et la mort.

Cependant nous approchons, et la configuration

déchiquetée de tous ces sommets basaltiques devient plus apparente. Vers midi, nous doublons le Coin-de-Mire, îlot rocheux et dénudé dont le nom indique la forme. Derrière lui, la pointe des Canonniers avance dans les flots ses rives presque à fleur d'eau, précédant la riche plaine des Pamplemousses avec ses plantations verdoyantes et ses habitations ombragées : encore sept à huit milles à parcourir et nous serons sur rade.

Mais jusqu'à la fin, il est écrit que l'imprévu jouera son rôle dans notre voyage, que des surprises nous seront ménagées. Une goëlette se dirige sur nous, elle porte les couleurs françaises ; la régularité de son grément, la correction de ses manœuvres, la flamme qui ondule à son grand mât indiquent un navire de l'Etat. Elle signale une communication importante à nous faire, et nous mettons en panne. Que peut-elle nous vouloir? Que va-t-il se passer? Nous prend-elle pour quelque négrier porteur d'une cargaison suspecte, pour quelque flibustier des anciens temps, prêt à un coup de main hardi, pour un corsaire d'un autre âge? Cependant, en dépit de notre batterie factice, nous avons, ce me semble, une allure des plus pacifiques. Une embarcation vient nous accoster et voilà ce que nous apprenons.

A Maurice règne, depuis plusieurs semaines, une violente épidémie de choléra, importée de l'Inde par un navire chargé de travailleurs Hindous. La désolation est dans l'île. La goëlette, l'« Eglé », de la station locale de Saint-Denis, est chargée par le gouverneur de la Réunion, de prévenir tous les navires français, venant en général toucher à Maurice avant de se rendre à Bourbon, que s'ils communiquent avec l'île contaminée, ils seront soumis, en arrivant dans l'île-sœur, à une longue et rigoureuse quarantaine.

Qui de nous, le matin, quand tout joyeux nous nous préparions à descendre à terre, se fût attendu à cette éventualité ? Mais le capitaine Magnique a une forte partie de son chargement pour Maurice, il ne peut éviter la relâche et renoncer à ses opérations commerciales : un pli de son consignataire lui indique la marche à suivre, il ira quand même à Port-Louis. Et les passagers pour la Réunion, que va-t-il en faire ? Sur ce point, le capitaine de l'« Eglé », l'enseigne de vaisseau auxiliaire Le Clair, a des instructions précises. Bien que chargé d'une croisière au large de Maurice pour prévenir les navires français de la situation, il a l'ordre de prendre à son bord les passagers de l'État qui voudront éviter les risques d'un long retard, et de les conduire à Saint-Denis, où il va de temps en temps se ravitailler, et précisément il doit faire voile dans une semaine pour la Réunion.

C'est à notre tour de délibérer. Pour mon compte, je n'hésite pas. Assez de délais ; voilà quatre mois que nous avons laissé Marseille ; toucher barre à Maurice remet notre débarquement à Bourbon à une époque indéterminée. Chassaniol partage mon sentiment, et avec armes et bagages nous passons sur l'« Eglé », tandis que les capitaines Lamy et Martin et mon camarade Michel suivront jusqu'au bout le sort du « Jeune Marseillais », et feront la relâche de Maurice. On se quitte, on se souhaite mutuellement bonne chance et prompte réunion. Le « Jeune Marseillais » prend le pilote et fait voile vers l'entrée du port, où il disparaît bientôt, pendant que notre goëlette avec ses deux passagers, reprend sa croisière, guettant l'arrivée d'un nouveau navire français.

La mission n'avait rien de pénible ; c'était une véritable navigation de plaisance. Le matin, souvent pluvieux, nous voyait appareiller ; pendant l'après-midi, claire et ensoleillée, nous allions louvoyer par petite brise, prêts à nous porter au-devant de tout bateau battant pavillon français. Vers le déclin du jour, on jetait l'ancre au vent de Port-Louis, en face d'une délicieuse crique appelée la baie des Tortues, à bonne distance de terre, pour nous mettre en règle avec les prescriptions sanitaires.

Ces soirées au mouillage étaient délicieuses ; le vent était tombé, l'air d'une limpidité exquise ; de délicates effluves nous arrivaient de la rive voisine ; un calme reposant nous enveloppait ; et, au travers la nuit sereine et scintillante, on distinguait le profil estompé des grands pitons de l'intérieur. Le lendemain nous remettions sous voile.

D'ailleurs notre nouvelle habitation flottante n'a rien qui puisse nous faire regretter celle que nous venons de quitter ; nous n'avons pas perdu au change. Basse sur l'eau, fine de formes, avec sa mâture coquettement penchée sur l'arrière, son astiquage soigné, sa tenue correcte, l'« Eglé » a l'aspect engageant. Le service militaire n'y est pas oublié, mais il est mitigé par le caractère bon-enfant du capitaine Le Clair, qu'un assez long séjour dans la colonie a un peu créolisé. Sans sévérité, il tient son équipage et sa goëlette en bon ordre ; tout s'y fait doucement, sans bruit, mais régulièrement, et une fois les ordres donnés, le capitaine, allongé confortablement dans son fauteuil rotiné, peut sans remords culotter un nombre respectable de pipes.

Nous avons des vivres frais, la pêche est assez fructueuse ; nos cabines, si peu vastes qu'elles soient, sont de petits boudoirs à côté de celles de notre « Marseillais ». La perspective d'être dans quelques jours à la Réunion nous aide à trouver l'existence facile, et nous nous laissons doucement vivre, revenant chaque soir à notre tranquille abri de la baie des Tortues, qui alterne, pour nous donner asile, avec la baie du Tombeau. Ce nom sonnerait mal, s'il n'évoquait l'un des souvenirs de la gracieuse légende de Bernardin de Saint-Pierre, dont tout nous parle, en face de ce quartier des Pamplemousses, où se trouvait l'habitation de Mme de Latour. Les épisodes de l'émouvante idylle reviennent sans effort à notre mémoire, devant le cadre où ils se sont déroulés, et ajoutent encore à la poésie du site.

Moins poétiques étaient d'autres dénominations locales, revenant fréquemment dans la conversation, mais non moins pittoresques : « le Trou

Fanfaron », « Cure-Pipe » et bien d'autres... Eh quoi ! toutes ces appellations françaises sur une terre britannique ! Hélas ! depuis 1814, ce bijou colonial avait changé de maîtres. Après un désastre, quand vint l'heure du règlement des comptes, la reine des Mascareignes, notre belle *Ile de France*, passa sous la domination des Anglais : ils nous laissèrent l'île de Bourbon, plus pauvre en terrains de culture, moins favorisée en ports naturels, d'une valeur économique très inférieure. C'était la loi du vainqueur : il fallut la subir, et le sort des armes brisa les liens qui unissaient les deux îles sœurs.

Avant Chassaniol et moi, l' « Eglé » avait recueilli un autre passager, le vicomte des Barres de Nantyeux, fort joli homme, très soigneux de sa personne et tout à fait select : d'ailleurs très bon garçon, malgré certaines mièvreries de talon rouge, et pas plus fier qu'il ne convenait ; son commerce n'avait rien de déplaisant, et bien vite nous avions été au mieux. Il ne m'appelait plus que son « très cher » après certaine pochade où j'avais à peu près réussi son profil plein de distinction. Si aimable qu'il fût, il nous causa, cependant, quelques jours plus tard, du désagrément.

Du Coin-de-Mire à l'entrée de Port-Louis, notre « Eglé » évoluait consciencieusement, et tous les détails de la côte nous étaient devenus familiers. De temps en temps, nous arrivaient des communications de terre : le capitaine Magnique venait, dans son canot, causer avec nous, à distance, quand nous approchions de l'entrée du port ; on nous disait que l'épidémie continuait à sévir, qu'elle avait emporté notre Consul, que Michel avait généreusement offert ses services. Tous ces échanges de nouvelles et de plis se faisaient avec les précautions sanitaires minutieusement observées, car nous voulions, en arrivant à Bourbon, garder le bénéfice de notre isolement vis-à-vis de l'île contaminée. Chaque jour entraient de grands trois-mâts anglais, venant de l'Inde avec des cargaisons d'émigrants Hindous, dont on voyait grouiller la masse noire jusque par dessus les bastingages. Nous étions allés au devant de quelques navires français, la « Coquette », l' « Augustine », le « Mousse de Nantes ». Ce dernier venait de Marseille, il n'avait que quatre-vingt-deux jours de mer. Que n'avions-nous été ses passagers, d'autant plus que, sans s'arrêter à Maurice, sur notre avis, il fila droit pour Bourbon !

Une autre goëlette de guerre, l' « Estafette », à

bord de laquelle était embarqué comme médecin un de nos camarades de Toulon, Giraud, alternait avec l'« Eglé » dans le service de la croisière. Sa présence dans les eaux de Maurice nous permit enfin de partir pour la Réunion le 26 au matin. Les dépêches de notre vice-consul, enfermées dans une bouteille soigneusement cachetée, sont filées à la traîne au bout d'une ligne ; on se met en appareillage, on lève l'ancre et nous voilà en route, contemplant les versants occidentaux des mornes Mauriciens et doublant la pointe S.-O. de l'île, le cap Brabant, où l'on retrouve encore, — où ne le reconnaîtrait-on pas ? — le profil bourbonnien du malheureux Louis XVI. La brise est fraîche, notre marche est rapide ; les terres de Maurice descendent sous l'horizon, tandis que vers le soir les sommets de Bourbon apparaissent sur l'eau. Nous avons franchi plus de la moitié de la distance qui sépare les deux îles ; environ soixante lieues.

Le 27, au petit jour, l'île de la Réunion étale devant nous l'ensemble de sa conformation ; plus ramassée que Maurice, moins déchiquetée dans ses lignes principales, dressant trois fois plus haut les sommets de ses pics, nous la voyons depuis la pointe de Saint-Philippe au sud, jusqu'aux falaises du cap Bernard nous montrant tous les détails de sa côte « du vent », les pentes calcinées du volcan couronné de son panache de fumée, les terrains ravinés de Saint-Benoît, l'entrée de la rivière du Mât et Saint-André, la marine de Sainte-Suzanne et celle de Sainte-Marie ; entre les deux, la pointe de Bel-Air et son phare, et enfin, tout au nord, à l'ouvert d'une gorge profonde, la capitale, Saint-Denis, dont les constructions sortent peu à peu de l'eau. Pas de plaines côtières comme à Maurice, mais des escarpements élevés venant en pente douce s'incliner vers le rivage et plonger dans la mer, tandis qu'au centre de l'île, et bien au-dessus de ce premier plan, se dressent les flancs abrupts du puissant massif des Salazes, avec leurs crêtes dentelées. Les sommets sont dénudés et la végétation ne se montre que vers la zône du littoral. L'impression générale est plutôt sévère et demande à être corrigée par l'étude des détails.

Nous voilà sur rade, en face de la ville, dont nous pouvons distinguer les édifices et l'aspect général. Au premier plan les jetées, le débarcadère du « Barachois » et les appontements des principaux négociants ; puis la série des maisons bordant les terre-pleins du quai, avec leurs hautes toitures en bardeaux garnies de fenêtres mansardées ; la direction du port, son poste et son mât de signaux, d'où partent les avertissements aux navires sur rade pour la prévision du temps ; l'hôtel du gouvernement et sa coupole, les terrasses de l'hôtel Joinville ; plus haut, dominant la partie nord de la ville, l'église et son modeste clocher, la blanche construction de l'hôpital, le tout panaché de verdure. Plus à gauche, l'entrée de la rivière, s'enfonçant dans une sombre gorge, tandis que son embouchure est obstruée par un banc de galets roulants ; et sur son autre rive les longues et blanches façades de la caserne d'infanterie de marine, avec ses monotones rangées d'ouvertures ; par derrière elle, les murs gris de la redoute au-dessus de laquelle serpentent les lacets de la route de terre, gravissant les talus du cap Bernard, pour se rendre à la Possession et à Saint-Paul et faire le tour entier de l'île ; et, dominant le tout, le morne « Patate à Durand » et le « Brûlé » de Saint-Denis, où, malgré son nom calcinant, vont les habitants de la ville chercher quelque fraîcheur pendant les mois d'hivernage ; enfin les premiers contreforts verdoyants des montagnes du centre, qui disparaissent derrière ces premiers soulèvements. Plus près de nous les navires au mouillage, roulant et tanguant à tous les caprices d'une mer qu'aucun abri naturel ne vient apaiser.

Un bateau pilote vient parlementer ; les instructions qu'il nous porte sont ambiguës ; nous devons en attendre de nouvelles ; deuxième bateau de la direction du port ; il paraît que, malgré toutes nos précautions, nous sommes considérés comme dangereux ; nous hissons le pavillon jaune, ce qui signifie que nous portons la peste dans nos flancs, qu'elle s'exhale de nos haleines, qu'on ne peut causer avec nous qu'à bonne distance, et on nous envoie mouiller tout en queue de rade, bien loin, bien loin « sous le vent » en face des maussades falaises du cap Bernard. Notre arrivée met toute la colonie en émoi. Le conseil sanitaire est réuni ; on discute notre cas ; on délibère. On chuchote que la situation du vicomte de Nantyeux n'est pas régulière ; j'ignore au juste pourquoi, mais il nous entraîne dans son désastre. A quoi sert alors, grands dieux, d'avoir du linge si correct, des boutons de manchettes et des chatons de bague blasonnés ! Il semble résulter de tout cela que nous ne pouvons nous en tirer à moins d'une quarantaine de quinze jours. Chassaniol et moi, consternés, nous nous regardons ; aurions-nous lâché la proie pour l'ombre en venant sur l'« Églé » ? nous commençons à le craindre et à trouver que les institutions sanitaires sont de puissantes sauvegardes pour les habitants des îles, mais qu'elles tournent quelquefois au grotesque. D'ailleurs nous n'en avions pas fini avec elles.

Le 28 au matin, le canot de la santé vient de nouveau parlementer, bien entendu en restant « au vent » à nous. Toutes les autorités médicales, maritimes, administratives s'occupent de nous; on trouve notre cas intéressant, mais suspect. Peut-être, et ce serait particulièrement l'avis du gouverneur, fera-t-on débarquer les passagers au lazaret inhospitalier de la « Grande Chaloupe » et l' « Églé » retournera à Maurice. Le capitaine Le Clair nous avertit que pour nous ce serait un affreux supplice, mieux vaut rester à bord et y purger notre quarantaine, puisque quarantaine il y a ; et c'est en définitive le parti auquel tout le monde se rallie. Nous irons nous ventiler pendant deux semaines environ au vent de Port-Louis, et, au retour, si nous avons été sages, si l'on nous trouve suffisamment purifiés, nous serons admis à toucher la terre de la Réunion. Ainsi soit-il fait !

Le soir nous arrivent deux passagers pour

Maurice ; on nous apporte de terre une abondante provision de vivres frais, et, chose mille fois plus douce, des lettres de France qui nous attendaient poste restante ; nous faisons notre plein d'eau douce ; nous prenons les paquets de la poste et les dernières instructions du gouverneur, et le 29, à quatre heures du matin, l'« Eglé » met le cap sur Maurice, mais sans s'éloigner beaucoup, car le calme dure tout le jour ; vers le soir seulement la brise se lève, une lueur rouge teinte les nuages au-dessus du cratère du volcan. Le lendemain à l'aube nous revoyons le cap Brabant, et de bonne heure nous sommes sur rade de Port-Louis. Le canot de la santé et notre consul viennent le long du bord ; nous voulons débarquer nos deux passagers ; mais voilà qu'à son tour, pour je ne sais quelle formalité oubliée, Maurice les repousse. De plus en plus fantastique ! Il fallut de nombreux pourparlers pour les autoriser à prendre terre, mais le lendemain seulement. Et voilà comment les institutions les plus respectables et les plus rationnelles — je parle pour 1854 — perdent toute autorité par la façon plus qu'étrange dont elles sont souvent appliquées.

Nous reprenons notre croisière et chaque soir,

la baie des Tortues nous revoit; elle nous fait apprécier par son charme tranquille le bonheur d'avoir échappé à l'horrible internement dans la gorge désolée où le lazaret de Bourbon cache sa peu confortable installation.

Sur rade, nous avons retrouvé à peu près les mêmes navires que précédemment; en plus un gracieux baleinier américain aux formes sveltes, le « Lancer, » dont la haute mâture et le grément léger semblent faits pour gagner de vitesse les rapides cétacés qu'il poursuit. Du 2 au 11 juillet, deux navires français le « Beautemps-Beaupré » et le « Picard », célèbre par ses rapides traversées, arrivent sur rade et, sur nos renseignements, repartent, sans faire escale, pour Bourbon. Le « Jeune Marseillais » n'a pas encore terminé ses opérations; nos anciens compagnons viennent, à distance, nous donner de leurs nouvelles. Nous attendons avec impatience la malle d'Europe, qui est enfin signalée, et suivant les ordres reçus, après avoir pris le courrier pour Bourbon, remplacés de nouveau par l'« Estafette », nous reprenons la route de Saint-Denis où, après une traversée sans incidents, nous arrivons le 12 au soir. Cette fois-ci on nous trouve en règle et absolument inoffensifs pour la santé publique. Nous nous en doutions un peu, mais ce n'était pas une raison suffisante pour nous assurer la libre-pratique. Elle nous est pourtant accordée sans nouveaux retards et, le 13 au matin, par une mer assez tranquille, nous débarquons enfin à Saint-Denis. Le canot de l' « Eglé » nous accoste sans mouvements désordonnés au bas de l'échelle de l'appontement en fer qui, du petit port du Barachois, s'avance vers le large. Notre voyage était terminé. Il y avait cinq mois que nous avions quitté la France et nous avions de l'avance sur nos amis du « Jeune Marseillais ». Ils ne devaient débarquer qu'une quinzaine de jours après nous.

Saint-Denis, j'étais attendu ; on connaissait nos mésaventures et les jeunes chirurgiens de marine, mes prédécesseurs, m'avaient réservé une chambre dans leur joyeuse maison de la rue du Conseil. Laissez-moi employer, pour vous la décrire, quelques termes locaux. L'*emplacement* était situé juste en face de la rue du Moulin-à-Vent. Après avoir franchi la *cuvette* (le caniveau) on entrait par le *barreau* dans un petit jardin dont un papaïer, un avocatier, des manguiers et quelques autres verdures du pays faisaient le plus bel ornement, on passait par la *varangue* (galerie extérieure) abritée par des persiennes et des tentures en rabane ; elle nous servait d'ordinaire de salle à manger. Venait ensuite un vaste salon, garni d'un piano et de quelques sièges : sopha, grands fauteuils indiens invitant à la sieste. Sur le derrière et au premier étage, nos chambres à coucher, meublées au goût de chacun. Après l'habitation, au fond de la cour ombragée de beaux cocotiers, égayée par les ébats d'une maque de Madagascar à la toison soyeuse, les dépendances, le *godon*, contenant les pièces de débarras, la cuisine, le logement de nos serviteurs ; ils étaient deux : Paul, petit nègre cafre, tout ratatiné, notre Vatel, dont le talent n'avait besoin, pour s'exercer dans toute sa plénitude, que d'une batterie très sommaire, petites marmites en fonte, ustensiles de première nécessité ; et avec ce matériel sans prétention, il nous régalait des mets les plus variés, faisant griller à point côtelettes et beefsteacks, mais surtout habile dans la confection des plats créoles, rapidement appréciés du nouvel arrivant : le riz cuit à l'eau presque sans condiments et savoureux quand même, les brèdes rafraîchissantes, les karrys relevés, les hors-d'œuvre appétissants, achards de premier choix et toute la série des rougaïls mangue-verte et autres, pimentés sans excès. Sa femme, elle ne pouvait s'appeler que Virginie, aussi ratatinée que lui, faisait nos chambres et servait à table ; cet intéressant ménage composait tout notre personnel et suffisait largement à notre train de maison.

Nous habitions quatre dans notre petit phalanstère : la concorde et la bonne humeur y régnaient sans partage et je garde précieusement le souvenir de l'accueil si réconfortant de ces bons camarades, Laure de Toulon, Doré de Rochefort, Chanot de Lorient, notre doyen d'âge et de grade. Ils avaient voulu fêter mon arrivée par un déjeuner somptueux pour lequel Paul s'était surpassé, et avaient tenu à me faire goûter toutes les gourmandises de la cuisine locale et toutes les délicatesses des fruits savoureux du pays. Je trouvais tout excellent. A quelques jours de là, Doré dut partir pour Madagascar et fut remplacé par Michel, enfin débarqué du « Jeune Marseillais », mais après une quarantaine en règle, comme bien vous le pensez.

La vie était facile sous le doux climat des tropiques, pendant la belle saison. Alors la colonie traversait une période de prospérité qui touchait malheureusement à sa fin. Elle ne se ressentait plus de la crise économique provoquée quelques années plus tôt par l'émancipation des esclaves ; ceux-ci avaient été remplacés sur les plantations par les immigrants venus de l'Inde et de la côte d'Afrique. Les champs n'avaient pas été ravagés par les ennemis de la canne à sucre : la concurrence de la betterave restait encore inoffensive ; le café et la vanille donnaient encore de bonnes récoltes ; les navires arrivant de France, d'où ils apportaient tout ce que le défaut d'industries locales rendait nécessaire à la vie courante, étaient assurés de frets rémunérateurs pour le retour. Le crédit était large ; la gêne ne se faisait pas sentir. Les roupies de l'Inde, abondantes, rendaient plus faciles les transactions du petit commerce, et la menue monnaie des *sous marqués*, encore en usage à cette époque, s'échangeait couramment au bazar contre les produits de la petite culture, fruits et légumes indigènes.

Pour nous, la solde coloniale doublait nos maigres appointements de France, nous permettant de tenir honorablement notre place dans l'aimable monde créole, où nous recevions un accueil empressé ; nous étions des danseurs infatigables ; quelques-uns de nous possédaient des talents de société qui les faisaient encore plus rechercher, et Laure, avec les belles notes et le timbre puissant de sa voix de basse profonde, faisait vibrer les vitres et les cœurs. Dans un milieu moins correct, on s'initiait aux tournures naïves du doux jargon créole, avec sa grâce enfantine, ses expressions pittoresques, quelquefois aussi d'un réalisme outré ; et dans ces réunions de métisses peu farouches, les chants et les danses des Ségas de Bourbon avec leurs poses langoureuses ou leurs couplets naturalistes, étaient comme un reflet atténué des lascives bamboulas africaines, où, sur la place « Candide Azéma » la basse bestialité reprenait tous ses droits. Dans un ordre plus relevé, lors des fêtes officielles, les salons du gouvernement recevaient tous les personnages de marque de l'administration, de la marine, du commerce. Ces soirées étaient charmantes. Le gouverneur, Hubert Delisle, par sa grande affabilité, Madame Hubert Delisle, avec une gracieuse distinction native qui n'oubliait personne, les rendaient encore plus attrayantes ; sans compter les réunions plus intimes auxquelles le chef de la colonie nous conviait parfois et où nous pouvions encore mieux goûter la courtoisie simple et attirante des maîtres de la maison.

L'hôpital, militaire et maritime à la fois, où nous faisions du service et montions de trop nombreuses gardes, était alors inachevé ; l'aile septentrionale était seule terminée et l'on travaillait à la construction du reste. Situé sur le point culminant de la ville, tout près des escarpements de la rivière, dominant toute la cité verdoyante et la rade peuplée de navires, il forme un observatoire naturel d'où il est facile d'embrasser, d'un regard circulaire, tous les environs de Saint-Denis. De ses galeries et de ses fenêtres aucun détail du paysage ne saurait échapper : ni l'entrée de la rivière, avec sa barre obstruée, ni son cours étalé dans un lit de galets luisants, au sortir de la coupure profonde où, entre des parois escarpées, elle roule pendant les pluies de l'hivernage son cours torrentueux ; ni le mouillage inhospitalier où les navires, sans abri contre la houle du large, inclinent leurs coques et leurs mâtures d'un mouvement lent et continuel ; ni l'orifice du tunnel dont la galerie, à peine entamée, s'enfonçait dans le mur compact du cap Bernard, première amorce du chemin de fer de Saint-Paul ; ni les premières pentes s'élevant derrière la ville vers « les hauts » de Saint-Denis, avec leurs plantations de philaos, ni, par delà le cimetière et la route du « Butor », l'embouchure de la rivière des Pluies, les maisons de Sainte-Clotilde et de Sainte-Marie ; et tout au loin, vers le nord et l'est, la grande mer d'où surgissaient à l'horizon, du côté du « Vent », les navires arrivant de France ou de Maurice, nous apportant nos courriers toujours attendus, les nouvelles de la maison paternelle et des pays si lointains.

Nos chefs de service utilisaient notre bon vouloir et se plaisaient à compléter notre instruction médicale, à peine ébauchée ; ils le faisaient avec beaucoup d'aménité et de condescendance, et malgré les différences d'âge et de grade, les relations n'avaient rien de guindé. Le médecin en chef Danvin nous ouvrait ses salons, dont sa femme et ses filles nous faisaient les honneurs avec une bonne grâce aisée et familière. Les docteurs Lepetit et Laugaudin, chirurgiens de 1re classe, tous les deux médecins de valeur, avaient la direction des salles de malades, et Bel, le prévôt, sévère mais juste, maintenait la discipline dans notre groupe de sous-ordres, quelquefois prêts à s'émanciper, tandis que le pharmacien de 1re classe Delavaux, chimiste émérite, distillait les fleurs, analysait le suc des fruits, et y découvrait des produits inconnus, tout en assurant le service pharmaceutique de l'hôpital.

LE 15 août, fut, comme d'habitude, dans la colonie, l'occasion de fêtes et de réjouissances publiques, évidemment attendues par toute la population. Blancs et noirs, mulâtres de toutes nuances, Hindous du Malabar, Chinois à la queue tressée, Malgaches et Cafres se pressaient autour de la place du gouvernement pour assister à la revue. Les anciens nègres marrons eux-mêmes descendaient des hauteurs et les petits blancs de l'intérieur quittaient leurs minuscules propriétés et leurs ajoupas rustiques pour ne rien perdre des cérémonies annoncées dès le matin par des salves retentissantes. Il fallait voir tout ce monde panaché, attifé souvent avec des prétentions grotesques, tous ces mirliflors du plus beau noir couvrant leur mufle d'ébène d'un chapeau à la dernière mode.... de Bourbon, vêtus de complets d'une blancheur éblouissante ou d'un bariolage extravagant, emprisonnant leurs massives extrémités dans des gants craqués aux coutures ou dans des vernis d'un brillant invraisemblable, se tasser, se hisser, pour regarder défiler nos marsouins, tambour-major et musique en tête, précédés d'un escadron de cavalerie, sorte de milice à cheval portant l'uniforme des lanciers et représentant d'une façon pompeuse l'élément indigène de la garnison. Tous bien alignés, ils passaient devant le gouverneur entouré du commandant militaire, — c'était alors le colonel Barolet de Puligny, — et des autres chefs de service, tandis que toutes les autorités de moindre importance étaient groupées en grande tenue au centre de la place par un beau, trop beau soleil.

Dans la journée, les réjouissances publiques continuaient sur toutes les places ; le soir, suivant la règle immuable, illuminations générales et brillant feu d'artifice tiré dans les allées du jardin de l'État, devant le Muséum, tout au bout de la rue de Paris, pendant que, sur tous les carrefours, les bons nègres se livraient à des bamboulas effrénées, pour terminer la nuit, ivres d'allégresse et de rhum, dans une crapuleuse orgie.

De ces types divers, les plus étranges, surtout pour les nouveaux débarqués, étaient encore les Indiens et les Chinois. Les premiers, déjà en nombre, venus comme travailleurs engagés, puis restés après leur libération dans la colonie où ils s'étaient créé quelque situation sortable, formaient un groupe bien distinct par ses mœurs et ses caractères ethniques, ayant conservé tous les usages, les costumes de leur caste. Les femmes, moins nombreuses, les oreilles et les narines percées d'ornements en métal, les poignets et les chevilles cerclés d'anneaux d'argent, promenaient leurs noirs chignons inclinés sur le côté et leurs gorges serrées dans un corsage étroit et court, laissant paraître à nu la peau brune de leur torse jusqu'à la ceinture autour de laquelle se drapait le pagne en forme de jupon. Ils avaient aussi leurs fêtes traditionnelles, ces enfants de l'Hindoustan ; en décembre, ils déroulaient par les rues de la ville étonnée leurs processions bruyantes, portant sous un dais d'étoffe la grossière effigie d'un éléphant blanc surmonté d'un Bouddha doré, faisant sonner leurs cimbales, brûlant des parfums devant leurs divinités, et, dans leurs costumes pittoresques, se livrant à une sorte de danse sacrée, chantant des hymnes de circonstance, pendant que d'autres, le corps zébré de jaune et de noir, les membres chargés de chaînes avec une queue fauve fixée au bas des reins, figuraient des tigres captifs, rendant hommage par mille gambades, mille contorsions, à l'idole vénérée.

Les Chinois, au contraire, plus calmes, moins tapageurs, se confinaient volontiers dans leurs étroites boutiques, faisant tous les petits commerces de détail, vendant des épices et de la mercerie, prêtant au besoin à la petite semaine, et amassant sou par sou, avec une patience et une parcimonie rares, le pécule qui leur permettra de revenir dans l'Empire du Milieu, où ils créeront un établissement de banque et de change, modeste d'abord, mais dont ils sauront augmenter l'importance. Rue du Conseil, nous en avions un pour voisin, toujours affairé et serviable, nous vendant, à bons bénéfices, toutes les menues fournitures de table et de ménage dont nous avions besoin.

Vers le 20 octobre, arrive de la côte de Mozambique un navire chargé de travailleurs nègres, pour la maison de Rontonnay. Le capitaine déclare aux médecins visiteurs deux passagers atteints d'une maladie éruptive suspecte; plusieurs autres semblent sous le coup d'accidents semblables. On reconnaît la variole, une variole grave, et tout indique le début d'une épidémie que l'encombrement et la misère des engagés cafres rendra vraisemblablement sévère. Tout d'abord, et c'était parfaitement indiqué, le navire est placé en quarantaine; on ne pouvait faire moins. La commission sanitaire, réunie d'urgence, estime qu'il est prudent et humain d'envoyer à bord un médecin chargé de soigner les malades et de prendre rapidement toutes les mesures destinées à enrayer le mal. Je suis désigné pour remplir cette mission. On me munit de vaccin et d'instructions détaillées, on me soumet moi-même à une revaccination préalable, qui d'ailleurs reste sans effet, et du jour au lendemain me voilà, le 24 octobre, quittant les camarades et l'aimable existence à laquelle je m'étais si bien accommodé, pour être interné à bord du « Grognard », devenu foyer d'infection et dont j'allais, pendant une période de durée inconnue, partager le sort peu enviable. Décidément, j'étais voué aux quarantaines. Mais, je dois le reconnaître, celle-ci n'avait rien que de très légitime et la colonie avait cent fois raison de se défendre avec énergie contre un mal qui, à maintes reprises, y avait exercé de redoutables ravages.

Ce n'était pas précisément un lieu de délices que ce négrier empesté, empuanti, où tout manquait pour les soins les plus élémentaires à donner à ces malheureux Cafres logés pêle-mêle dans un faux-pont mal aéré, mal aménagé. Mais j'avais pleins pouvoirs, et, dès mon arrivée à bord, mon premier soin fut de vacciner tout le personnel, équipage et passagers, et de faire procéder à un nettoiement minutieux, à des lavages incessants, à des fumigations rigoureuses, à une énergique ventilation. Il fallait fournir à mes nouveaux clients une alimentation plus saine et plus substantielle, car déjà la dysenterie commençait ses ravages et le scorbut menaçait. Tout cela fut obtenu des consignataires, qui m'avaient donné carte blanche. Mais comment isoler les malades à défaut d'installations suffisantes. Il fallait s'ingénier, organiser des postes en toile, réserver aux varioleux les parties du faux pont les moins défectueuses, tandis que nous faisions vivre en plein air, sous les tentes du pont, le reste du troupeau. La chose était pratique, car la saison chaude s'établissait. Inutile d'insister sur les détails répugnants que comportait la situation. L'équipage n'avait aucun contact avec les malades ; le capitaine ou son second m'accompagnaient seuls dans quelques-unes de mes visites et j'avais heureusement trouvé, parmi les engagés, quelques anciens varioleux dont l'immunité certaine me rendait le concours efficace ; je les avais institué infirmiers et, après un dressage élémentaire mais suffisant, ils remplirent leurs fonctions d'une façon satisfaisante.

Deux fois par semaine, plus souvent quand il était utile, j'envoyais à la Commission sanitaire des rapports détaillés, rendant compte des difficultés, demandant les améliorations jugées nécessaires, mais surtout insistant, afin d'éviter une contamination plus générale, pour qu'on nous permît une installation à terre, dans la gorge déserte de la Grande Chaloupe ou dans la ravine à Jaques ; on aurait pu y débarquer et y faire vivre dans une installation provisoire les passagers bien portants, afin de les soustraire à la contagion, et ne laisser à bord que le personnel strictement indispensable aux soins des malades et à la sécurité du navire. A cela on répondait que le lazaret de la Grande Chaloupe était occupé par les lépreux ;

que l'on n'avait pas un autre local pour les recevoir, qu'il fallait patienter et laisser l'épidémie s'éteindre sur place, c'est-à-dire à bord, en persévérant dans les mesures hygiéniques établies dès mon arrivée. Les médecins de la Commission insistaient sur la solution que je proposais : mais les administrateurs, au fond préoccupés de la difficulté d'organiser, autour du campement que je demandais, une surveillance efficace pour éviter toute communication, refusaient de se rendre aux raisons d'humanité que les premiers faisaient valoir. Et les administrateurs eurent le dessus, et notre internement dura jusqu'au 17 décembre, c'est-à-dire jusqu'au vingt-cinquième jour après le dernier cas déclaré, après que notre dernier malade, d'ailleurs légèrement atteint, fut entré en convalescence et reconnu incapable de propager son mal.

Les mesures prises avaient, au bout de trois semaines, enrayé l'épidémie ; dès le milieu de novembre, la situation s'était éclaircie et l'état sanitaire du bord s'était sensiblement amélioré, les nouveaux cas se faisaient plus rares et moins graves. Évidemment la vaccination et une meilleure hygiène produisaient leur effet ; nous redevenions maîtres de la situation.

Elle n'était pas beaucoup plus gaie pour cela. Les huit semaines passées à bord du « Grognard » ne constituent pas un des meilleurs souvenirs de ma carrière maritime et coloniale. Le « Grognard » était un vieux trois-mâts barque de faible tonnage, aux fonds malsains, qu'un séjour déjà long dans les climats torrides et de nombreux voyages d'immigrants avaient rendu plus insalubres encore. Il était infecté de ces ignobles cancrelats, légion répugnante et envahissante qui prend possession des navires retenus longtemps dans les régions chaudes ; arrogants et fétides, ils s'y installent en maîtres, s'y multiplient avec une fécondité désolante, s'insinuent dans les couchettes, dans les vêtements, dans les objets de toilette, dans la vaisselle et souvent dans les mets, polluant tout de leur odeur nauséabonde, et méritant de figurer dans un bon rang à côté des sept plaies égyptiennes.

Comme amusement de choix, nous avions la fastidieuse contemplation de ces arides falaises verticales, coupées de gorges étroites et sans végétation dont la muraille dénudée s'étend jusqu'à la Possession ; puis les mouvements de la rade, l'arrivée des navires, leurs manœuvres de mouillage ou d'appareillage, les courses incessantes des nombreuses embarcations communiquant librement avec la terre interdite pour nous, bien heureuses sans apprécier leur bonheur. Tous les deux jours, dans notre chaloupe filée bien loin à l'arrière à longueur de bosse, les canots de la santé venaient déposer, avec mille précautions, quelques vivres frais, le matériel demandé et la correspondance. On prenait la nôtre, mais avec quelle cérémonie ! Sans compter les fumigations supplémentaires qu'elle subissait à terre : incisée, éventrée, vinaigrée, chlorée... Entre temps la rade devenait mauvaise ; les roulis se faisaient plus forts ; la saison inclémente approchait ; on redoutait les raz-de-marée et nous nous demandions, non sans inquiétude, si quelque jour les signaux de la direction du port ne viendraient pas, à l'approche des symptômes précurseurs d'un cyclone, nous ordonner de partir pour la haute mer sans perdre un instant, et d'aller subir au large, loin des côtes dangereuses, toutes les violences de l'ouragan ; perspective peu engageante.

Mais pourquoi nous plaindre? N'avions-nous pas, pour nous donner l'exemple de la patience et de la résignation, la femme du capitaine? Embarquée dès le commencement du voyage, elle supportait, sans récriminer, tous les inconvénients, tous les ennuis de la situation, et sa compagnie, comme sa douce placidité, diminuaient dans une certaine mesure les amertumes de notre relégation.

Enfin le 17 décembre sonne l'heure de la délivrance. On nous considère comme inoffensifs pour la santé publique. Le navire et son personnel sont soumis aux dernières fumigations ; nous amenons le pavillon jaune et l'on nous donne la libre pratique. Je m'en tire avec de généreuses marques de la reconnaissance de l'armateur. Le chef du service de santé me congratule officiellement, le gouverneur me félicite et obtient pour moi du ministre un témoignage de satisfaction : tous les sacrements.

Ma joie fut grande de retrouver les amis et le logis de la rue du Conseil où la gaieté n'avait pas perdu ses droits. On y donnait, chaque fois que les navires de guerre se rendant en Chine ou que nos camarades, enseignes ou aspirants de la station des mers de l'Inde, se trouvaient sur rade, des fêtes nocturnes et prolongées, que nous avions, je ne sais plus pourquoi, qualifiées de vénitiennes ; elles étaient surtout musicales et chorégraphiques et l'on en parlait longtemps à bord. Et dans la société correcte, on en chuchotait aussi, alors qu'en habit politique, nous retrouvions nos aimables danseuses qui ne connaissaient sans doute la Séga que de nom. Qu'ai-je dit? en habit politique. Quel costume solennel est-ce donc? J'ignore s'il est encore de mode dans nos colonies ; mais alors il était d'un usage courant et commode, moitié civil, moitié militaire, mais nullement politique et permettait sans suffoquer sous le carapace dorée de notre uniforme de gala, de figurer avec la tenue de notre grade, dans les bals les plus huppés.

L'hivernage était venu. Il ne fut pas particulièrement mauvais pendant cette saison de 1854 à 1855. Certes les chaleurs devenaient plus fortes ; les grandes pluies et les coups de vent augmentaient de fréquence, et la rade, à certains jours, était intenable. A deux ou trois reprises, le signal de déradage fut donné aux navires qui, filant leurs chaînes par le bout, appareillaient sur l'heure et disparaissaient dans les sinistres vapeurs de l'horizon assombri, comme un vol de mouettes affolées. A plusieurs reprises des nuages aux tons livides vinrent s'abattre sur la ville et ses environs. Les grandes lames déferlaient avec un bruit de tonnerre sur les jetées du Barachois,

s'élevant ensuite en gerbes furieuses pour s'épar-
piller en embruns échevelés fouettés par les rafales ; les galets de la plage et ceux de l'entrée de
la rivière, secoués par la mer méchante et en
colère, roulaient avec un grand fracas de blocs
concassés. Mais nous ne fûmes pas atteints par
les grands cataclysmes atmosphériques, par ces
terrifiantes tempêtes qui écrasent et emportent
tout sur leurs pistes circulaires et dans leurs
tourbillons dévastateurs. Puis, peu à peu, tout
rentra dans l'ordre et, dès le mois de mars 1855,
nous sentions le retour de la saison tempérée.

Onze mois s'étaient écoulés depuis mon arrivée à la Réunion, et le moment approchait de partir pour Madagascar. Michel et moi allions être désignés pour remplacer à Mayotte et à Nossi-Bé, les deux camarades qui avaient terminé leur année de séjour dans ces postes.

Ce départ était prévu, nous savions que c'était à notre tour d'y être envoyés. Depuis quelque temps déjà, nos collègues, rentrés l'année précédente à la Réunion après avoir fait leur tour de corvée, nous entretenaient des incidents de leur séjour dans les îles Malgaches, nous prémunissaient contre les ennuis, peut-être les dangers que nous y rencontrerions, nous donnaient de sages avis et cherchaient à nous faire bénéficier de l'expérience acquise.

Les détails qu'ils nous fournissaient avec complaisance, et parfois avec une pointe d'exagération, n'avaient rien de bien réconfortant et concordaient d'ailleurs avec la mauvaise réputation de la contrée où nous allions vivre pendant un an au moins; il fallait dire adieu aux plaisirs mondains de Saint-Denis, à la vie civilisée, adieu aux folles fêtes que nous donnions rue du Conseil, aux camarades de la division navale; nous n'aurions plus que rarement les visites des navires de la station; et nos courriers réguliers, nos relations suivies avec la France, il ne faudrait y compter que d'une façon intermittente. Mais à côté de ces perspectives assombries, on nous permettait quelques dédommagements appréciables : une grande indépendance de vie et de tenue, de belles chasses, des pêches fructueuses, de magnifiques collections pour les amateurs d'histoire naturelle; et puis l'imprévu, l'inconnu, un pays nouveau, encore peu exploré, des populations connaissant à peine le contact de l'Européen; enfin le voisinage de la grande île avec son gouvernement mystérieux, sa caste dominante, ses peuplades pillardes. Tout cela était bien fait pour atténuer les regrets d'un départ qui allait nous arracher à la douce existence créole de Saint-Denis et nous en tenir éloignés longtemps sans doute. Mais à vingt ans, — je ne les avais pas encore, — on change sans grand effort de résidence et d'habitudes, et tout déplacement a son charme.

Aussi quand l'ordre d'embarquer sur le brick de guerre le « Nisus » nous fut donné, il fut accueilli sans surprise et sans mécontentement. Nos préparatifs étaient faits, nos adieux terminés et notre garde-robe avait été modifiée suivant les exigences d'un climat excessif et d'une nouvelle existence qui ne comportait plus une tenue aussi correcte.

C'est le *10 juin* que laissant Saint-Denis et descendant par une mer maniable l'échelle du Barachois, nous prîmes place sur le Nisus. Ce brick de vingt canons, — il n'en portait effectivement que seize, — appartenait depuis quelque temps déjà à la station des mers de l'Inde où il avait remplacé le « Victor » de même modèle. Les officiers et les aspirants du poste nous étaient connus ; nous les avions reçus pour la plupart dans notre hospitalière habitation de la rue du Conseil. En même temps que nous partait Piétri, chirurgien auxiliaire de deuxième classe, destiné à Mayotte ; ses deux galons lui donnaient place au carré ; Michel et moi étions passagers au poste des élèves, où nous nous trouvions en pays de connaissance, mais où nous étions aussi fort à l'étroit.

Demandez à nos jeunes médecins navigants d'aujourd'hui, ce que c'était qu'un brick de vingt et quel genre de confortable on y trouvait. Cela n'est plus de leur génération, ni même de la précédente, puisque je raconte des faits datant de quarante ans. Ah! quels fameux bateaux au point de vue maritime, mais quelles abominables machines comme séjour habitable ! Bien assis sur l'eau, fins de l'avant mais avec des formes qui leur donnaient toute stabilité et leur permettaient de tenir contre la grosse mer et de naviguer avantageusement au plus près du vent, portant allègrement une mâture élevée, admirablement voilés et gréés pour toute les allures, armés de seize pièces en barbette qui les rendaient respectables, ils étaient des derniers représentants de cette marine à voile, si alerte, si imposante, si propre, sentant bon le goudron, faite pour la haute mer, les longues et rudes traversées, et malgré toute la série des misères inhérentes, chère aux vieux loups de mer de ce temps.

Au mouillage svelte et bien campé avec ses deux

mâts à peine inclinés sur l'arrière, correct de lignes, montrant aux amis et aux étrangers la sévère rangée de ses bouches à feu astiquées avec soin, le brick de station, analogue comme service à nos petits croiseurs d'aujourd'hui, avait fière mine. Mais c'était en les voyant évoluer sous voiles que l'on pouvait mieux apprécier leurs qualités nautiques. Et les marins d'alors regrettent, et nous regrettons avec eux l'apect si pittoresque du navire aux voiles gonflées, régulièrement orientées suivant la brise et dessinant sur le ciel l'harmonieux édifice de la toile tendue au vent, dont les courbes plus ou moins arrondies s'éclairaient ou s'assombrissaient suivant les caprices de la lumière.

Mais cette belle ordonnance extérieure, cet ensemble à la fois militaire et marin cachaient bien des misères et de dures privations. Un équipage, relativement nombreux, il le fallait pour le service de l'artillerie, la manœuvre des voiles, l'armement des embarcations, était confiné dans un faux-pont bas et obscur, le plus souvent humide, toujours mal aéré et encombré par du matériel. Les bastingages, peu élevés au-dessus de l'eau, laissaient passer les embruns, et si la mer grossissait, le pont était souvent balayé par les lames.

Ce n'était pas seulement l'équipage qui était à l'étroit ; à l'arrière, le logement du commandant était modeste et le carré des officiers ainsi que leurs chambres, placés dans le faux pont, se ressentaient des petites proportions du navire. Quant au poste des aspirants, c'était un réduit où l'espace, l'air pur et la lumière étaient encore plus parcimonieusement distribués. La lampe se balançant à un barrot, était presque toujours allumée, les cancrelats insolents et nauséabonds s'y étaient introduits et y prospéraient, infectant les armoires et la garde-robe des élèves.

Michel et moi nous allions donc constituer un encombrement nouveau, augmenter la gêne déjà grande, ce n'était, il est vrai, que pour quelques jours ; on nous reçut le visage ouvert, comme compagnons de misères et avec une bonne humeur mutuelle, on se serra un peu plus autour de la petite table ronde et le soir nos hamacs furent accrochés dans le faux-pont à côté de l'échelle du grand panneau, en face de la porte du poste, trop petit pour les recevoir.

Coucher dans un hamac bien suspendu, dans un espace aéré et tranquille, n'aurait rien de déplaisant, et la gymnastique spéciale, nécessaire pour s'y hisser, est assez vite apprise. Mais dans un faux-pont déjà encombré par l'équipage, alors que les bordées de quart, se remplaçant la nuit, se faufilent, courbées en deux, sous les lits de toile qu'elles bousculent au passage, le sommeil est moins facile : il vient cependant au bout de deux à trois nuits, et, l'assuétude aidant, on repose aussi bien dans sa couche aérienne que dans un lit moëlleux, ne prenant plus garde ni aux bruits, ni aux odeurs, ni aux secousses de ce singulier dortoir.

Notre traversée ne fut d'ailleurs ni longue ni pénible, nous avions pour nous la saison clémente et la mousson favorable. A cette époque de l'année, il n'y avait pas à redouter la rencontre d'un cyclone ni à craindre un désastre comme celui de la corvette le « Berceau » disparue corps et biens en décembre 1846, ou le sort de la corvette de charge l' « Indienne » dont on nous racontait l'étonnante aventure.

Il y avait deux ans environ, elle partait elle aussi de la Réunion pour les postes de Madagascar où elle transportait du personnel et du matériel. La belle saison n'était pas encore tout à fait établie ; quand, en approchant de la grande Ile, elle est assaillie par un cyclone, arrivant sur le tard de l'hivernage, mais d'une violence rare ;

elle se trouva bientôt avec ses voiles en lambeaux, sa mature craquée et hors d'état de manœuvrer et de gouverner. La situation était d'autant plus critique que la nuit venait, et l'on se savait dans le voisinage de la côte, de cette côte bordée d'une ceinture de madrépores, récifs à fleur d'eau, où l'on allait infailliblement se briser, car le vent y portait en plein.

Quand la clarté blafarde de ce jour de tempête eut fait place aux ténèbres opaques, le navire désemparé était à la merci des éléments, privé de toutes ses défenses, de ses moyens de salut, abîmé par les paquets de mer et poussé inéluctablement sur les récifs de plus en plus proches.

L'affolement des passagers était à son comble, les plus braves avaient le cœur serré en envisageant le sort inévitable et se préparaient à la mort. Un missionnaire de la Compagnie de Jésus, le père Jouan, si je ne me trompe, était parmi les passagers ; quand les dernières espérances furent perdues, il donna l'absolution à tous et aussi une bénédiction suprême ; au dire des témoins, la scène était poignante et solennelle ; il est facile de le croire.

Au milieu des mugissements de l'ouragan, un bruit plus sinistre encore annonce les brisants, que la phosphorescence des vagues signale aussi. C'en est fait; encore quelques secondes et la malheureuse gabare va être brisée sur les rochers et déchiquetée par la mer. Une dernière secousse, un soulèvement énorme du navire, puis un choc, puis... l'Indienne se penche légèrement sur le flanc et, après quelques trépidations, reste immobile dans une mer relativement calme, tandis que l'ouragan continue à hurler dans la nuit obscure. A l'angoisse terrifiante de tout à l'heure succède la surprise d'abord, puis l'attente de nouveaux incidents. Mais la corvette ne bouge plus, elle n'est plus le jouet des flots, elle s'est échouée sans que ses fonds soient crevés, car l'eau n'augmente pas sensiblement dans la cale. Que s'était-il donc passé ?

En arrivant sur les brisants, une énorme lame l'avait enlevée par dessus la ligne des récifs et l'avait déposée sur le fond peu élevé du bassin intérieur où elle n'avait plus assez d'eau pour flotter et où elle était désormais à l'abri du choc des lames venant se briser sur la ligne extérieure de la barrière de corail.

Vers le matin, la tempête se calma et au petit jour, équipage et passagers, encore profondément troublés par les terribles émotions de la nuit, se retrouvaient vivants sur l'épave endommagée, mais encore entière.

Si la vie était sauve, les épreuves n'étaient pas terminées, la côte voisine était inhospitalière et ne pouvait être d'aucun secours. Il fallut armer une des embarcations restées intactes pour aller chercher assistance au poste le plus voisin, c'était je crois Sainte-Marie ; le brick « le Victor », puis l'aviso à roues « le Caïman », qui appartenait aussi à la division des mers de l'Inde, furent envoyés sur place ; ils trouvèrent la pauvre « Indienne », qui, avec ses moyens, avait aveuglé ses voies d'eau, mais n'avait pu suffisamment s'alléger, couchée sur babord, avec ses tronçons de mâts, ses pavois défoncés, mais encore renflouable ; elle fut délestée, déchargée, et un jour, à haute mer, elle se mit à flotter. Le « Caïman » la prit à la remorque, lui fit franchir une des brèches de la ceinture de corail et la conduisit à Port-Louis (Maurice), où, hissée sur la *patent slip* (cale de halage) de l'arsenal anglais, elle fut réparée, réarmée, et elle figurera de nouveau dans la division de l'Océan Indien ; nous aurons l'occasion de l'y retrouver.

Après que les falaises à pic du cap Bernard,

la pointe des galets. les marines de la Possession et de Saint-Paul, les hauteurs du Bernica, puis les hauts sommets de l'intérieur, le Piton des Neiges et le profil dentelé des Salazes, dominant les mornes de la partie sous le vent de l'île de la Réunion, eurent successivement disparu sous l'horizon de l'Océan Indien dont les flots cléments nous portaient avec de douces ondulations et une brise favorable vers le continent Malgache, nous restâmes deux journées sans voir la terre. Le matin du troisième jour, la pointe sud de Sainte-Marie, la Nossi-Boura des indigènes, était en vue : elle fut doublée sans peine ; entrant alors dans l'étroit chenal séparant de la grande terre l'île longue et effilée qui, avec Nossi-Bé et Mayotte, formait alors nos trois points d'occupation, nos postes d'attente, défilant à bonne distance le long de la côte occidentale, nous arrivâmes bientôt, d'une allure ralentie, devant la minuscule île Madame, et l'ancre nous fixa pour deux jours dans un mouillage bien abrité, juste en face et à trois encâblures à peine de la haute toiture en bardeaux couvrant la résidence du chef de la petite colonie.

Le paysage n'avait rien de déplaisant : vers l'ouest se dessinaient vaguement les terres de la grande île dont un promontoire sans relief, la pointe à Larrée, s'avançait dans le canal ; à l'est s'allongeaient tout près de nous des collines boisées, la bordure de villages, les dentelures d'une côte pittoresquement accidentée ; et, tout au premier plan, le petit îlot à fleur d'eau où, sur une surface exigüe, s'élevaient les constructions du poste ; une batterie d'aspect pacifique, quelques magasins, de modestes habitations et, dominant l'ensemble, le lourd et gigantesque toît de la maison gouvernementale ; le tout égayé par quelques bouquets de palmiers, de manguiers et de philaos, animé par le va-et-vient des pirogues et des embarcations. Dans le port intérieur un trois-mâts barque de commerce, avec ses mâts de perroquet dépassés.

En descendant à terre, le pays, vu de près, ne perdait rien de sa physionomie engageante. Si, au point de vue colonial, la médiocrité des installations et des moyens de défense, l'exiguïté de l'établissement pouvaient inspirer des craintes sur sa force et sa durée, tant il semblait qu'en un jour de fureur, la mer aurait pu le balayer et l'engloutir en quelques heures, d'autre part lorsque, sortant de l'îlot officiel, en quelques coups de pagaies ou d'avirons, on se faisait débarquer sur l'île elle-même de Sainte-Marie, la fraîcheur et la variété de la végétation et des sites faisaient rêver de cultures prospères, de plantations rémunératrices, d'existence facile et taïtienne.

Les ateliers de charpentage, les métiers des tisseuses abrités sous des tentes de paille, la bonne mine et la figure ouverte des indigènes accentuaient encore la première impression favorable ; malheureusement quelques ruisseaux fangeux et la verdure suspecte des palétuviers faisaient ombre au tableau et rappelaient que souvent sous les fleurs se cache le perfide reptile « *latet anguis in herba* ». Ici l'horrible serpent, c'est le miasme paludéen.

Cette promenade nous fit faire connaissance avec notre confrère du pays, qui demeurait à Amboutifout, la Cythère de l'endroit ; le docteur Frélon a été l'ami de tous les Européens qui ont passé par Sainte-Marie vers cette époque ; sa maison hospitalière était largement ouverte à tous les arrivants ; devenu presque Malgache par un long séjour dans le pays, robuste et bon vivant, il nous fit, avec un entrain communicatif, les honneurs de son petit royaume ; et, de fait, les habitants avaient l'air de ses sujets, sujets satisfaits et bénévoles : tel, sans vouloir forcer les analogies, le roi d'Yvetot.

Cette race des *Betsimsaraks*, dont je devais retrouver à Nossi-Bé de nombreux échantillons, c'est surtout ici qu'il faut la voir pour bien la connaître ; sur la côte orientale de la grande île et particulièrement à Sainte-Marie, elle est tout à fait chez elle et presque sans mélanges, avec des caractères mieux définis. Dans une étude parue en 1894, dans *le Bulletin de la Société de Géographie commerciale de Bordeaux* (1), j'écrivais à peu près ceci : « Si par leurs formes anthropologiques, les *Betsimsaraks* diffèrent peu d'avec les *Sakalaves*, ils présentent, au point de vue moral, un degré un peu plus élevé, en ce sens qu'ils sont plus accessibles aux idées et aux sentiments de civilisation, qu'ils sont plus susceptibles d'attachement et de fidélité, avec des instincts moins pillards et plus d'aptitudes à certaines industries. C'est parmi eux que la station navale de l'Océan Indien recrute des compléments d'équipages ; mieux appropriés à leur climat d'origine que les blancs, on peut, sans danger pour leur

(1) Nossi-Bé. Topographie, Climatologie, Ethnographie, p. 30 et 31. *Bordeaux, imprimerie Gounouilhou*, 1894.

santé leur assigner les corvées fatigantes, et, généralement, nos officiers sont satisfaits de leur obéissance et de la régularité de leur service ».

Pardon de m'être cité, cela ne m'arrivera que rarement. Nous eûmes tout le temps de les examiner à loisir dans notre excursion à travers les villages d'*Amboutifout* et de *Saabé :* les hommes, le chef couvert de larges chapeaux ou du petit bonnet de paille, le *satou*, produit de l'industrie locale, adopté par les Européens comme coiffure d'intérieur ; les femmes drapées dans leur *simbou*, la gorge serrée dans l'*acantzou*, sorte de corsage étroit et court, descendant à peine au-dessous des seins et serré au cou, avec des broderies plus ou moins savantes, la tête ornée de grosses tresses terminées en boules formant une coiffure originale et très spéciale à la tribu, tombant sur la nuque et les oreilles, laissant le front découvert tandis qu'une petite natte forme queue par derrière.

Le plus souvent, ces dames étaient occupées aux soins du ménage ou au tissage des rabanes, étoffes en fils de raphia, grossières ou fines suivant qu'elles servent à la voilure des pirogues ou à la confection de vêtements souples et frais, tandis que d'autres, profitant de leurs loisirs, venaient nous offrir de superbes coquillages, des pièces de rabane, des satous et bien d'autres choses encore, car elles sont fort accueillantes.

Le commandant particulier de Sainte-Marie, le capitaine Durand, de l'infanterie de marine, avait connu mon père et avait servi sous ses ordres : quand il sut que j'étais au nombre des passagers du Nisus, il me convia à déjeuner et me fit un accueil paternel, me munissant de sages conseils et souhaitant bonne chance au fils de son ancien compagnon d'armes ; j'en fus vraiment touché.

Le 14, dans l'après-midi, la relâche arrivait à sa fin ; les embarcations furent hissées aux porte-manteaux, les tangons rentrés, les échelles rele-vées ; on vira au cabestan, le clairon sonnant la charge pour déraper et, tous les préparatifs d'ap-pareillage terminés, nous mîmes sous voile, lais-sant derrière nous les coteaux verdoyants de Nossi-Boura, perdant successivement de vue l'îlot Madame, la tour des Baleiniers, l'île aux Forbans, noms qui évoquent le passage de navigateurs de mœurs différentes ; nous faisions route vers le cap d'Ambre.

Nous devions mettre six jours pour atteindre Nossi-Bé. Pendant cette traversée, je me trouvais pour la première fois en contact avec l'existence d'un navire de guerre, si différente de celle que j'avais menée sur le trois-mâts de commerce qui nous avait conduit de France à Bourbon, différente aussi des habitudes un peu créoles de la goëlette l'« Eglé ». Le branle-bas du matin, le lavage du pont au quart du jour, l'inspection de l'équipage, les repas annoncés, comme d'ailleurs tous les actes qui se succèdent du matin au soir dans la vie du bord, par des sonneries de clairon ou des batteries de tambour, les manœuvres faites avec ensemble, précision et rapidité aux coups de sifflet des maîtres et avec les commandements réglementaires, les exercices divers si le temps le permet ; puis, avant la nuit, la prise sacramentelle du ris-de-chasse, l'appel des canotiers de sauvetage, la prière, les punitions annoncées par le capitaine d'armes, toutes ces choses s'effectuaient avec une ponctualité admirable sous les ordres brefs de l'officier de quart, si bien secondé par les aspirants et les maîtres. Tout cela était nouveau et m'intéressait vivement.

Chaque jour, aux approches de midi, quand le temps était clair, l'officier chargé des montres, c'est-à-dire l'astronome du bord, gardien responsable des chronomètres, conservant fidèlement l'heure du méridien de Paris, s'armait de son sextant pour relever la hauteur du soleil au-dessus de l'horizon ; les élèves s'exerçaient à la même observation et lorsque l'instrument annonçait, par le maniement de ses alidades, de ses miroirs réflecteurs, de ses verres colorés et par la lecture des graduations de son limbe, que l'astre du jour, pour parler comme les poëtes, était arrivé au plus haut de sa course, l'observateur criait de façon à être entendu de tous : « *Pique-huit* », ce qui voulait dire de sonner midi par quatre coups doubles de la cloche du bord ; le timonier de service était chargé de ce soin. Aussitôt, les calculateurs munis des données obtenues, s'armant des tables de logarithmes et de la « Connaissance du temps », faisaient le point, qui était envoyé au commandant, et chacun de le porter sur la carte et d'estimer la route faite depuis la veille.

Au mouillage, autres occupations : à peine l'ancre au fond et la chaîne filée à la longueur voulue, les tangons croisés, les embarcations amenées, les échelles en place, les coupées dégagées, le maître d'équipage allait dans le youyou faire dresser les vergues ; on parait les manœuvres, les bastingages se découvraient quand le temps était sec, et laissaient voir la ligne blanche des hamacs régulièrement imbriqués et serrés dans leurs jarretières noires, on se livrait à de nombreux et minutieux astiquages, à des fourbissages flamands, puis, pour finir, le sifflet du « *Coups de balais haut et bas* ».

Et deux fois par jour la cérémonie des couleurs, qui malgré sa répétition quotidienne a toujours sa grandeur simple, quand, la garde réunie face à l'arrière et présentant les armes, les clairons sonnant au drapeau et les factionnaires des coupées faisant feu de chaque bord, au commandement de « Envoyez », les têtes se découvrent et les couleurs nationales montent lentement à la corne, le matin à huit heures et en descendent au coucher du soleil.

Cette initiation aux pratiques de la marine de guerre, aussi régulières, mais plus mouvementées et surtout plus variées que celles d'un couvent, s'effectue sous le souffle tiède et tempéré de la mousson propice ; il nous fait passer devant l'entrée des baies d'Autongil et de Diégo-Suarez et doubler la pointe septentrionale de la grande île, le cap d'Ambre, avec ses falaises basaltiques et ses crêtes ocreuses.

Quand nous l'avons dépassé, infléchissant notre route vers le sud, nous nous trouvons à l'entrée du canal de Mozambique ; laissant à gauche Nossi-Mitsiou, nous voyons s'élever au-dessus de l'horizon un ensemble de collines d'apparence aride, de mornes arrondis et sans grand relief, le tout d'aspect désolé, dont une montagne plus haute et couverte de végétation, mais, juste à l'opposé du point par lequel nous abordons l'île, vient seule rompre la monotonie. C'est *Nossi-Bé*, dominée au sud par le massif de Loucoubé. Nous l'approchons par le nord et devons la contourner par sa côte occidentale avant d'atteindre le mouillage d'Hellville.

De chaque bord, penchés en dehors des embarcations, et retenus par des sangles, les matelots sondeurs lancent savamment jusqu'à l'avant du navire le plomb dont la ligne se déroule avec vitesse avant de toucher l'eau, et « chantent », c'est le terme consacré, la profondeur et la nature du fond quand la sonde l'atteint.

Sur la dunette, Pietri, qui n'est pas à son premier voyage, sert de pilote et donne au commandant, nouvel arrivé dans la station, des indications utiles, lui nommant et lui faisant successivement reconnaître l'île de *Sakalia*, *Nossi-Tanga*, la pointe du cratère, la colline *Phimaloa*, au sommet de laquelle une vigie signale notre approche et qui nous masque encore Hellville et sa rade. Et cependant, poussés par la brise du large, nous entrons à pleine voile dans la splendide baie de Passandava, que l'île de Nossi-Bé ferme en partie au nord, tenant toujours celle-ci à petite distance à babord, sans pourtant trop nous approcher des pointes prolongées au large par des hauts-fonds de coraux, voulant éviter le sort du « Victor » qui s'était mis au plein non loin de cette pointe du cratère d'apparence inoffensive avec ses bords à pic.

Sur tribord, nous apercevons la côte de Madagascar avec les îles Radama fuyant vers le sud, puis l'îlot de *Kakazou-Bérari*, signalant l'entrée de *Bavatou-Bé*, puis la vaste échancrure formée par le fond de la baie, avec ses plans étagés de montagnes, ses criques nombreuses, son riche manteau végétal.

Encore quelques encablures franchies en diminuant l'allure, la pointe Phimaloa est doublée et le mouillage des navires est devant nous, en face de la résidence européenne. Le Nisus y prend position sans encombre. Il y avait dix jours que nous avions quitté Saint-Denis.

Du large et par son côté nord, l'aspect de l'île, je l'ai dit, est triste et aride ; mais en approchant

de la côte, une bordure de végétation, quelques
plaines cultivées et verdoyantes, l'entrée de petites vallées ombreuses donnaient déjà une meilleure opinion du pays. Enfin la pointe d'Hellville,
toute verdoyante, flanquée à droite et à gauche de
villages sakalaves ombragés par des bosquets de
cocotiers, tandis que, plus à l'est, la forêt de Loucoubé étageait jusqu'au plus haut de la montagne
ses fourrés touffus, achevait de dissiper les premières préventions. Ce ne pouvait être d'ailleurs
qu'une impression de surface pouvant se modifier
en bien ou en mal par l'étude des détails, et cette
étude, le temps ne devait pas me manquer pour
la faire.

Peu après le mouillage, une embarcation nous
déposa à terre ; après être passés auprès du vénérable ponton stationnaire le « *Mayottais* », nous
prîmes pied sur une jetée mal établie, dont les
pierres roulantes étaient engluées de la vase du
marais d'*Ampassimène* ; de là, une rampe douce
bordée à gauche par les arbres touffus du jardin
de l'ancien gouvernement, conduisait sur le plateau qu'on abordait par une large place quadrila-
tère, le cours de Hell, plantée d'acacias bois-noir
et bordée par les principales constructions de l'éta-

blissement ; à gauche la nouvelle demeure du commandant particulier, plus vaste que celle de Sainte-Marie, mais lourde, disgracieuse et surchargée d'une énorme toiture encore plus écrasante ; c'était décidément un parti-pris et, sans doute, cette exubérance de faîtage avait pour but de donner aux indigènes une haute idée de notre puissance ; elle n'aurait pas pu leur inspirer l'admiration de notre génie architectural ; puis toujours à gauche, le magasin général d'une conformation moins massive, le modeste couvent des sœurs de Saint-Joseph de Cluny, une église en paillotte, un presbytère manquant tout à fait d'élégance, au fond l'hôpital et son enceinte, tandis qu'à droite s'alignaient, sur le bord du même cours, des ateliers et des hangars, la boulangerie, d'autres habitations servant de bureaux ou de logements aux officiers et employés ; tout cela paraissait édifié récemment, mais déjà usé, effrité, détérioré par les injures d'un climat destructeur.

Mon collègue Doré, brave et honnête camarade, dont j'avais été déjà à même d'apprécier l'heureux et solide caractère, l'année précédente, à Saint-Denis, et que je venais précisément remplacer, me présenta, dès l'arrivée, au chef du service médical, le chirurgien auxiliaire de 2e classe

Daullé, dont j'allais devenir l'aide et le collaborateur, et qui bientôt me traita en ami. Son abord un peu froid cachait de sérieuses qualités d'intelligence et de cœur. D'origine bretonne, franc et rond d'allures, très versé dans la connaissance de la pathologie locale, qu'il devait m'enseigner à fond, lesté de connaissances d'histoire naturelle puisées au Muséum, dont il avait charge d'enrichir les collections, l'œil vif et pénétrant sur une figure le plus souvent épanouie, le teint blanc marqué de taches de rousseur, avec une barbe rare tirant au rouge, le front large et bien modelé, la bouche fine, il avait, malgré deux ans de séjour, assez bonne mine, mais avec un embonpoint trop marqué pour ses vingt-sept ans. Couvert d'un vaste chapeau de paille, vêtu d'un large veston blanc et d'une mauresque retenue à la taille par une ceinture de soie, il ressemblait plus, quand je le vis pour la première fois, à un planteur qu'au médecin en chef de la localité, au *major-bé* (le grand major), comme disaient les Malgaches ; moi j'allais être le *major-héli* (le petit major).

Je fis aussi la connaissance immédiate, car j'allais devenir son commensal, du chef du service administratif, l'aide-commissaire Girard, aimable compagnon, Cherbourgeois calme et avisé, que les Malgaches, toujours prêts à donner un nom pittoresque à tous les blancs, appelaient *Capitaine Tartas*, c'est-à-dire chef des papiers.

C'est en 1841 que la France, désireuse de maintenir ses droits historiques sur Madagascar, songea, en attendant mieux, à s'établir à *Nossi-Bé* (*la grande Ile*), ainsi nommée par ce qu'elle est en effet la plus importante de celles qui s'échelonnent sur la côte occidentale de la Grande-Terre (*Tani-bé*, comme les Malgaches désignent Madagascar), du cap d'Ambre au cap Saint-André. Le poste avait été bien choisi ; les capitaines de nos navires avaient reconnu les avantages de son excellent mouillage, la force de sa position stratégique, la facilité de le défendre.

La reine *Tsiouméke* nous céda, moyennant finances, ses droits de suzeraineté sur l'île, et, sous la haute main du général de Hell, alors gouverneur de Bourbon, notre drapeau y fut arboré.

Les commencements de notre nouvelle possession furent difficiles ; d'abord un mauvais choix du premier établissement coûta la santé et la vie à bon nombre des premiers occupants ; et le nom de *Pointe à la fièvre* est resté à la petite presqu'île où fut tenté ce malheureux essai ; plus tard, en 1849, alors que nous nous étions installés sur le plateau d'Hellville où l'on s'était organisé définitivement, les Sakalaves révoltés tentèrent de nous en chasser ; leurs masses compactes et désordonnées furent arrêtées par un simple remblai fermant l'isthme qui relie le plateau au grand village d'*Audouani* ; et deux caronnades de 12, elles étaient encore en batterie de mon temps, leur crachèrent de tels paquets de mitraille que le désordre se mit dans leurs rangs ; on était sauvé. Depuis, ils se le sont tenus pour dit et n'ont jamais essayé sérieusement de nous attaquer en nombre, ni eux ni les Hovas.

Administrativement, la petite colonie dépendait de Mayotte, une des îles de l'archipel des Comores, résidence du commandant supérieur ; en 1855, le commissaire de la marine Véran remplissait cette fonction.

A Nossi-Bé, le capitaine Arnoux, de l'artillerie de marine, était commandant particulier ; il fut remplacé, très peu de temps après mon arrivée par le capitaine Dupuis, de l'infanterie de marine que sa femme accompagnait ; sous ses ordres le capitaine Septans commandait la garnison composée d'une compagnie d'infanterie marine, d'un détachement d'artillerie de marine et d'une compagnie noire, recrutée parmi les Sakalaves de l'île, avec un cadre européen. Un garde du génie, le long et sombre Fardoux, à la tête osseuse, aux sourcils en broussailles et à la moustache hérissée, s'occupait de l'entretien et de l'édification des casernes et des batteries ; un charpentier de navire, le Marseillais Bavastre, qui remplissait aussi les fonctions de maître de port, réparait et construisait au besoin les navires de la petite station locale. Celle-ci était commandée par l'aspirant volontaire O'Neill ; nous l'appelions l'amiral.

Appartenant à une famille d'origine irlandaise, devenue française et bretonne, dont le nom est bien connu dans notre marine militaire, O'Neill mérite mieux qu'une simple mention. Très alerte, très entreprenant, très gai, très hâbleur, mais aussi très dévoué et toujours disposé à rendre service, la taille bien découplée, l'œil bleu, le nez long, la lèvre ornée d'une fine moustache, portant une longue chevelure blonde et bouclée, il avait l'allure d'un paladin ou d'un troubadour prêt à chanter sa belle et à se battre pour elle ; je me le figurais volontiers avec une toque à plume et à créneaux, un justaucorps et des hauts-de-chausses à crevés. Sa flotte se composait du ponton le « Mayottais », craquant partout de vétusté, et d'une sorte de chaloupe pontée à deux mâts, d'un type mal défini, appelée, je ne sais pourquoi, le « Chébeck », avec lequel il faisait ses sorties de haute mer ; elle devait d'ailleurs s'augmenter bientôt d'une goëlette, chef-d'œuvre de Bavastre, le « Sakalave », encore en chantier et dont nous reparlerons, si vous le voulez bien.

Hélas ! de tous ces compagnons d'exil dont j'évoque le souvenir, combien ont disparu ! Daullé, après un séjour en France, revint dans le pays, épousa la fille du commandant supérieur de Mayotte, où il devait mourir de la fièvre. O'Neill, malgré sa vigoureuse constitution, a fini, lui aussi, par succomber, très jeune encore, aux attaques des accès pernicieux, et lui et bien d'autres dont le nom viendra dans ce récit, sans compter ceux dont j'ai perdu la trace. Et il ne faut pas oublier que tout cela se passait il y a quarante ans.

Girard, le capitaine « Tartas », avait comme aides deux commis de marine, Grélot et Alliot ; le premier portait au menton un bouc rouge à la Yankee ; petit, remuant, fureteur, il était, malgré son aspect de trapper américain, né à la Réunion ;

il avait, dans le temps cherché fortune, le revolver au côté, sur les placers d'Australie ; il en était revenu bredouille et avait embrassé une carrière plus pacifique.

Trois prêtres de la Compagnie de Jésus, les pères Daniau, Faure, Combette, cherchaient à évangéliser les populations Malgaches, tenaient une école pour les petits indigènes et assuraient le service religieux de la résidence ; leur prosélytisme, jamais découragé, leur faisait faire de longues tournées dans les villages de l'intérieur de l'île où leur zèle et leur bonne volonté trouvaient rarement leur récompense.

L'élément commercial était représenté par un certain nombre de planteurs et de petits boutiquiers : merciers, épiciers, marchands de rhum et d'absinthe. Parmi les premiers, quelques-uns étaient de relations agréables : MM. Paulian, Samat, Poulain, Losseau, Mézence. Avec ce dernier, type de bonté et d'honorabilité parfaites, j'ai conservé longtemps des relations épistolaires après mon départ de Nossi-Bé. Encore un que je ne devais plus revoir ! Avec une ténacité admirable, il a lutté pendant plus de quarante ans contre toutes les malechances, perdant et rétablissant son avoir, ne se rebutant jamais, attendant toujours d'avoir assuré l'avenir de ses enfants et l'aisance de ses vieux jours pour rentrer dans son département des Basses-Pyrénées qu'il avait quitté tout jeune ; connaissant admirablement le pays et les procédés de culture appropriés, mais toujours en butte aux coups du sort qui s'acharnait contre lui, trop bon, trop confiant, il a fini par succomber aux attaques de la malaria, contre laquelle il se croyait prémuni par une longue endurance. Pauvre Mézence, si probe, si délicat ! J'ai reçu de lui une lettre précédant de peu la nouvelle de sa mort ; il me narrait ses derniers déboires, ses dernières espérances et m'annonçait sa détermination bien arrêtée de revenir prochainement à Bayonne, où il me donnait rendez-vous. C'eût été avec une véritable joie que je serais allé l'y retrouver ; je me faisais fête de ce retour ; nous aurions eu tant d'anciens souvenirs à évoquer. Que d'amertumes dans cette destinée !

Nous avions aussi, pour compléter cette galerie, un Anglais et un Allemand, commissionnaires et agents consulaires de leurs nations : Ch. Bell était droit, raide, gourmé et portait les favoris venant rejoindre la moustache comme un véritable fils d'Albion ; il daignait être aimable avec nous. Quant à Schuemaker, avec ses petits yeux ronds et brillants derrière ses lunettes, son nez court et retroussé, sa barbe et ses cheveux ébouriffés, sa face rubiconde et joviale de buveur de bière, il était à la fois candide et très positif; au demeurant de société agréable.

Ce n'est pas du premier jour que je me trouvai en relations avec tous ces personnages, mais ce à quoi il fallut songer aussitôt, ce fut à se procurer un gîte pour le soir même : Grélot, le chercheur d'or, cherchait aussi un locataire; il habitait tout à côté de l'hôpital une maison construite comme les cases du pays, mais dans des proportions plus vastes, juste sur le bord du plateau, regardant le sud, avec une vue splendide sur la rade et la grande terre; une chambre contigüe à celle qu'il occupait avec sa jeune femme, douce et blonde créole de St-Denis, et sa petite fille, y était disponible; il me l'offrit avec empressement; pressé par l'urgence, j'acceptai, mais avec moins d'enthousiasme, pensant bien que ce voisinage, si agréable qu'il fût, était trop direct pour ne pas avoir quelques inconvénients; mais sur le moment je n'avais pas le choix et cela me donnait le temps d'attendre.

Pour ne plus revenir sur ce chapitre, au bout de peu de temps j'avais trouvé, dans le quartier marchand, derrière les casernes, une petite maison de construction analogue, mais où j'étais chez moi, bien seul, trop seul même ; elle se composait de deux pièces, l'une servant de chambre à coucher, l'autre de cabinet de travail et de salon de cérémonie, avec une varangue à l'entrée. Elle était meublée d'un lit à moustiquaire, d'une armoire en bois blanc, d'une modeste table de toilette, d'une table de travail un peu plus vaste, de coffres en bois de camphrier, de quelques sièges et d'un *kibani* ou lit du pays servant de sopha, avec des tentures de rabane rayée aux portes et aux petites fenêtres ouvertes dans les parois de kétis-kétis. Mes livres, mes armes, quelques panoplies de sagaïes indigènes, des portraits de famille, des chinoiseries rapportées de la Réunion en formaient l'ornement. Elle m'abrita pendant deux mois.

Puis le logement situé dans la *maison modèle*, à côté de celui de Daullé, étant devenu vacant, j'allai m'y installer, à ma grande satisfaction, jusqu'à la fin de mon séjour. Ce nom un peu prétentieux de maison modèle s'appliquait à un modeste édifice carré, surmonté d'un toit en feuilles de ravenal, en bordure sur le cours de Hell, avec des dépendances à l'arrière : son ossature en charpente démontable, envoyée toute faite de France, était établie sur un soubassement en pierre qui l'élevait au-dessus du sol et la rendait plus hygiénique. Haute d'un étage, avec une galerie à balcon courant sur ses quatre faces. elle constituait, dans sa simplicité, une habitation assez convenable pour le pays. Nos chambres étaient au premier. Au fond d'une petite cour qu'entourait le jardin potager, des cases abritaient notre personnel, et une cuisine en pierres servait d'atelier à notre maitre-queux, *Samba*, c'est-à-dire le « lion» dans le langage de son pays; issu de je ne sais quelle tribu de l'est africain, il l'ignorait lui-même, c'était un des plus beaux types de la race nègre que l'on pût rencontrer. Bien charpenté, admirablement musclé, d'une belle patine bronzée, avec ses larges épaules, son buste modelé à l'antique, ses proportions athlétiques et harmonieuses, il eût pu servir de modèle pour un Antinoüs africain. Ses talents culinaires, et c'était l'essentiel, étaient à la hauteur de la beauté sculpturale de ses formes. Il excellait particulièrement dans la confection du karry au coco, que l'on venait manger chez nous par gourmandise; et le bon ordinaire qu'il nous préparait, excitant notre appétit et soutenant nos forces, nous rendait plus résistant aux attaques de la fièvre. Dans notre petite salle à manger, placée à quelques pas seulement, mais en dehors de la maison, nous pouvions offrir à nos hôtes de savoureux et réconfortants repas.

Cinq jours après mon arrivée, le « Nisus » reprenait sa course et emmenait à Mayotte Piétri et Michel, avec quelques autres passagers ; il nous faisait ses adieux, ou plus tôt nous disait au revoir, car de loin en loin il devait venir nous visiter. Doré s'y embarquait pour rentrer à la Réunion.

Alors commença véritablement la nouvelle existence que comportait la situation ; un service régulier et en général peu pénible, si ce n'est aux mauvais mois de l'hivernage, de nombreuses lectures, des études indispensables au complément de mon instruction médicale encore si élémentaire, la préparation du concours que je devais subir en rentrant en France pour obtenir un nouveau grade, des observations météorologiques répétées jusqu'à cinq fois par jour, la confection de nombreux croquis et de quelques aquarelles pour garnir mes cartons des souvenirs de la localité, la préparation de collections conchiologiques et entomologiques, la mise en peau des oiseaux tués à la chasse, les promenades quotidiennes aux environs du plateau pour me familiariser avec eux, promenades dont le cercle s'agrandissait graduellement, de jolies courses dans la baleinière de l'amiral, le long des côtes de l'île, à la recherche des plages de sable fin, où nous prenions de si bons bains dans l'eau tiède et limpide, quelques parties de pêche et de chasse conduites avec prudence pour éviter les insolations et le contact trop prolongé avec le miasme des marais, suffisaient sans effort à faire succéder les journées aux journées, les semaines aux semaines, les mois aux mois. Aussi nous ne connaissions pas l'ennui.

Il y avait cependant une ombre au tableau, c'était la rareté et l'irrégularité de nos communications avec le reste du monde. C'était une nouvelle habitude difficile à prendre. De par ailleurs, nous étions en plein dans la belle saison, c'est-à-dire dans cette partie de l'année où les chaleurs sont tempérées, les brises régulières et rafraîchissantes, les pluies rares, les nuits sereines et les accès de fièvre moins fréquents et moins graves. Aussi la vie était-elle relativement facile, et il y avait plaisir à entreprendre ces agréables excursions qui permettaient de faire plus ample connaissance avec le pays ; quelques-unes m'ont laissé de charmants souvenirs.

Tantôt circulant au milieu des champs de cannes, nous prenions pour but une des sucreries d'*Ampombilara*, de *Saoulan* ou de *Djabal*, dont les propriétaires nous étaient connus et qui nous recevaient avec cordialité, nous expliquant les particularités de leur exploitation, les règles de leurs cultures, l'agencement de leurs usines où le suc de la canne, écrasée sous les cylindres mus par la vapeur, fournissait le vézou destiné à se transformer en sucre dans les bacs à cristallisation, tandis qu'une autre partie, prise par les alambics, servait à fabriquer le rhum. Ou bien on nous montrait les cuves dans lesquelles l'indigo trituré achevait, par macération, de s'oxyder et donnait naissance à la belle couleur bleue, connue de tous. Ou encore nous nous promenions dans les plantations de café, que des ennemis, aussi cruels que le phylloxéra pour nos vignes, devaient tristement mettre à mal.

D'autres fois, nous allions visiter le parc à bestiaux de *Dzamandzar* où était réuni le troupeau du gouvernement, ou le petit poste fortifié de Djabal, chargé de surveiller le débarquement des Fahavalous et de protéger les usines du voisinage ; un autre jour, nous gravissions les pentes du grand cratère, éteint depuis longtemps, mais bien reconnaissable à son excavation centrale.

Voulions-nous au contraire prendre contact avec les tribus indigènes, connaître leurs mœurs, leurs coutumes, leurs traditions. point n'était besoin d'aller loin. Il suffisait de franchir la ligne de défense dominée par le fortin de construction récente, qui élevait son rempart et son bastion central au nord du plateau et le séparait du grand village d'*Andouani* : et là, dans cette nombreuse agglomération où dominait la race autochtone, la population Sakalave, mélangée d'un assez grand nombre de Betsimsaraks, de quelques Béta-nimènes et Antankares, nous pouvions à loisir étudier sa manière de vivre, ses habitudes, son langage avec lequel il fallait bien se familiariser un peu, afin de mieux pénétrer dans son existence.

Andouani, véritable faubourg indigène, se ressentait cependant un peu du voisinage de notre établissement, et s'il était un champ rapproché d'observations faciles, il ne donnait pas complètement l'impression exacte du village Sakalave avec ses cases disposées sans ordre, son enceinte de pieux de palétuviers destinée à le protéger des surprises nocturnes des gens de la Grande-Terre, ses magasins à riz ou *touiks*, juchés sur de hauts supports qui les éloignent du sol et les gardent des visites dévorantes des rongeurs, ses pigeonniers plus haut perchés encore. Toutes ces constructions, de dimensions variables suivant leur destination, sont toutes sur le même gabarit rectangulaire avec un toit à deux versants et sont édifiées avec des matériaux identiques ; le bois de palétuvier fournit la charpente, les feuilles de ravenal imbriquées avec soin forment un chaume épais et protecteur, tandis que les nervures de palmier maintenues strictement juxtaposées par des broches de bambou (c'est ce que l'on appelle des *kétis-kétis*) constituent les parois. A l'intérieur, un mobilier primitif et de grossiers ustensiles de ménage ; au dehors, les femmes portant leurs nourrissons suspendus au dos dans les plis de leurs simbous, armées de lourds pilons presque aussi hauts qu'elles, écrasent en cadence le riz dans de gros mortiers en bois dur, tandis que des volatiles de toutes sortes viennent picorer autour et que les épis de maïs, réunis en bouquets, sèchent tout en haut de longues perches.

Si le village est au bord de la mer, ce voisinage lui donne aussitôt un aspect spécial. Sa population maritime se livrant surtout à la pêche est plus nomade, vit plus en dehors. Sur le sable des plages sont mises au sec les pirogues de toutes formes et de toutes dimensions, depuis la lakan vulgaire, creusée dans un tronc d'arbre à la mode de tous les pays noirs, jusqu'aux agiles lakanzils, aux fines lacanfiars dont les formes effilées, la proue aiguë taillée en courbe élégante, indique la spécialisation pour les courses rapides, toutes munies de leur lourd balancier. Et partout des ustensiles de pêche : nasses de formes diverses, harpons, voiles de rabane, pagaïes au manche sculpté, tout l'armement des embarcations.

Tel était le village d'*Andarakoutouk* (en Sakalave, plage des crabes), tout à notre portée, à quelques centaines de mètres du plateau, auquel on accédait par un pont primitif et dont la charmante situation, le caractère si pittoresque étaient gâtés par le voisinage immédiat d'un marais infect, découvrant à marée basse ses horribles plages fangeuses et nauséabondes où se complaisait la malsaine végétation des mangliers aux racines rameuses, et où des milliers de crabes à la marche oblique disparaissaient précipitamment dans leurs trous de vase à la moindre alerte.

Viennent les mois de septembre et d'octobre, et les habitants des villages côtiers arment leurs pirogues et s'embarquent pour les régions voisines de la Grande-Terre où ils vont défricher des terrains mieux appropriés à la culture du riz que ceux de leur île ; ils y retournent après la mauvaise saison, en avril et mai, pour y faire la récolte.

Ces émigrations bisannuelles n'ont pas seulement un caractère agricole ; par l'humeur pillarde de nos Sakalaves, elles se transforment volontiers en expéditions de maraudage. Pour cela, les gens d'un même village se réunissent pour former une troupe plus nombreuse, plus forte, pour l'attaque ou la défense. La nuit, veillant alternativement autour d'un grand feu, ils font bonne garde jusqu'aux heures matinales où la surveillance finit par se lasser. C'est le moment attendu par leurs ennemis, embusqués patiemment dans les fourrés voisins où ils se dissimulent, pour s'élancer à l'improviste sur les dormeurs ; le sang coule de part et d'autre, et tous ne reviennent pas de ceux qui étaient partis pour l'expédition ; mais quand ils restent les plus forts, ils rapportent les têtes de leurs agresseurs, hideux trophées dont ils s'enorgueillissent au retour. Ils préparaient ainsi les représailles que les habitants de la Grande-Terre, non moins maraudeurs que ceux des îles, venaient exercer à Nossi-

Bé, en organisant une *Djirk*. c'est le terme consacré.

Entre Hellville et le sombre massif de Loukoubé, au fond d'une baie assez vaste, s'alignait en bordure sur la plage, un village d'un tout autre aspect, au moins dans ses habitations principales ; des maisons carrées, crépies à la chaux, à terrasses plates, sans autre ouverture extérieure qu'une porte ogivale, rappelaient, sans hésitation possible, le style des constructions arabes. C'était *Ambanourou*, résidence de la colonie de Zanzibariens et de Comoriens, entrepositaires des marchandises venues des côtes d'Arabie et de Mascate et aussi de Bombay, intermédiaires entre les indigènes et les pacotilleurs américains dont les clippers, véritables bazars flottants, déversaient dans les ports malgaches leurs cotonnades, leurs fusils de traite, leur bimbeloterie à bon marché. Le tempérament mercantile, la souplesse d'allure, la grande facilité d'accommodation avec les races et le climat du pays en faisaient les courtiers obligatoires de ce commerce de ravitaillement.

Le chef du village, le Zanzibarien Kalifane ben Ali, avait une physionomie bien spéciale. Très rusé, très habile homme d'affaires, il apportait cependant dans ses relations plus de droiture que les gens de sa caste. Aussi aimions-nous à traiter avec lui; il se montrait d'ailleurs toujours obligeant et nous ne manquions pas d'aller lui faire visite quand la baleinière de l'amiral nous déposait dans le port du village arabe. Avec son nez busqué, saillant comme une proue, son menton en pointe garni de rares poils noirs, ses lèvres minces, sa moustache filiforme, sa tête rasée et sa mine avenante et futée, je le vois encore, d'âge indécis, petit, efflanqué, vêtu d'une robe trop large pour son corps grêle, et déployant une activité, une vivacité d'allure qui ne se ralentissait jamais.

Chaque année, en mars et avril, cette population musulmane s'augmentait de nouveaux arrivants, trafiquants de passage, venus des côtes de l'Arabie, des bords du golfe Persique et des rivages du Guzerate et du Malabar, sur leurs boutres poussés, vent en poupe, par la mousson propice; ces navires à l'évolution lente et incertaine rappelaient par leurs formes étranges, leurs ornements sculpturaux, leurs voilures primitives, l'ancienne navigation des États barbaresques. Alors, c'était fête dans le pays Sakalave et surtout parmi la population féminine; les vierges folles d'Andouani n'avaient rien à refuser à ces marchands d'étoffes chatoyantes, de colliers mirifiques, de parfums âcres et troublants, à ces danseurs aux poses sensuelles et provocantes, qui, par les belles nuitées claires de la bonne saison, venaient dans les carrefours de leur village étaler leurs talents chorégraphiques et leurs contorsions lascives aux sons des tarboukas tapageuses et des bombardes aux notes nasillardes, avec accompagnements de chants gutturaux que les beautés locales, au comble de l'admiration, scandaient en mesure d'enthousiastes battements de mains. Et nous aussi nous aimions à voir ces spécimens des peuples de l'Asie venir jeter une certaine diversité dans la note monotone des peuplades malgaches que nous avions chaque jour sous les yeux.

A côté de la race autochtone et de l'élément asiatique, nous avions aussi le contingent africain représenté par les travailleurs des plantations, nègres importés des provinces de Mozambique, engagés plus ou moins librement pour une période limitée et un bien modeste salaire, population minable, placée tout au bas de l'échelle ethnique, misérable et dégradée au physique et au moral.

Et les Hovas, me direz-vous, pourquoi n'en parlez-vous pas? En voyait-on à Nossi-Bé? Les Hovas, eh bien! ils ne se montraient pas, au moins ouvertement, dans notre île, mais nous les sentions près de nous. Pour surveiller notre établissement, ils avaient fondé à *Mourounsangue*, en dehors et à l'ouest de la baie de Passandava, un poste militaire avec lequel on entretenait des relations officielles et par lequel ils nous faisaient espionner d'un œil méfiant. O'Neill était chargé, cumulant les fonctions de grand amiral et d'agent des relations extérieures, des communications échangées avec les maîtres de la Grande-Terre ; et il avait beau s'enfler, se rendre majestueux, il ne parvenait pas, avec les navires de son escadre, son « Chebek » sans prestige et, plus tard, sa peu imposante « Sakalave », à donner à nos arrogants voisins une haute idée de notre puissance maritime. Il ne leur parlait pas moins haut et ferme quand il avait quelque réclamation à présenter de la part du commandant particulier, mais il revenait toujours un peu humilié après ses missions diplomatiques.

Arrogants et perfides, ils l'étaient en effet, ces cauteleux Malais, venus on ne sait quand de leurs archipels Polynésiens ; plus civilisés et plus retors que les populations Malgaches, ils avaient su les terroriser et s'en faire des vassaux remuants peut-être, mais craintifs et soumis. Nous sentions bien que si les Sakalaves avaient pour nous une certaine déférence, ils connaissaient mieux Ranavalou Mandjaka à Tananarive que Napoléon III à Paris et ils nous considéraient comme bien moins à craindre que le Hova cruel et sans scrupules dont le nom seul les faisait trembler ; et ces tyranneaux de Mourounsangue, tout en n'essayant pas de se frotter à nous, affectaient pourtant de nous considérer comme une quantité négligeable, dont ils sauraient se débarrasser le moment venu. Et c'était bien le fond de leur pensée.

Laissons donc, si vous le voulez bien, ces peu sympathiques personnages et revenons à quelques détails moins irritants, nos parties de chasse, par exemple, que la belle saison rendait faciles et inoffensives à nos santés ; elles variaient nos menus à la grande joie de Samba et augmentaient les collections de Daullé. Le gibier ne manquait pas et il était varié. Sur les rivages de l'île, toute la tribu des échassiers petits et grands : bécassines, courlieux, hérons, et aussi des vols nombreux de sarcelles ; sur les lacs de l'intérieur, les poules d'eau, les poules sultanes, les râles, les martin-pêcheurs ; dans les futaies, de splendides pigeons bleus et verts, aux pattes rouge vif ; dans les champs de cannes, les cailles au moment de leur passage et presque partout les pintades en troupes serrées et aussi les espèces rares et les individus à plumages éclatants, destinés aux vitrines du Muséum.

Chacun de ces gibiers avait ses gîtes de prédilection. Dans la brousse épaisse de la colline Phimaloa ou des plaines ondulées de l'île de Sakatia, les bandes de pintades à joues bleues faisaient entendre leurs gloussements de crécelle et sur le tard elles venaient se poser pour la nuit sur les basses branches des grands ébéniers qui leur servaient de perchoirs. C'est alors que nous cherchions à les surprendre, mais elles étaient d'une approche bien difficile. Plus farouches encore était les vols de sarcelles que nous guettions sur les bords des marais du littoral ou le plus souvent sur l'îlot de *Nossi-Viri*, (île aux Sarcelles) où elles aimaient à venir se reposer en files pressées, dressant leurs cous moirés et ouvrant leurs yeux effarés au moindre bruit; il fallait des ruses de Peaux-Rouges, des précautions infinies pour arriver à les surprendre; mais aussi quel carnage quand on y réussissait! Dans le marais d'Ampombilava, un matin, dissimulé dans les grandes herbes de la berge, j'en avais blessé une; elle faillit me coûter cher. Je la voyais se débattre à quelques mètres de moi dans la végétation aquatique, sur la surface perfide du marécage, et ayant été peu heureux jusque-là, je ne voulais pas rentrer bredouille. Sans hésiter j'entrai dans l'eau, la bête se mit à voleter pour me fuir et moi de continuer à la poursuivre, sans songer que je m'enlisais davantage ; la vase molle s'enfonçait sous mon poids ; et bientôt j'eus de l'eau jusqu'à la ceinture et je me sentais plonger de plus en plus dans le bourbier ; me mettre à la nage, il n'y fallait pas songer, car je n'avais pas la liberté de mes mouvements entravés par l'entrelacement des plantes et malgré moi je songeais à l'horrible gueule largement ouverte et richement meublée de crochets aigus des crocodiles du pays, si renommés pour leur voracité ; mes jambes s'engluaient de plus en plus et perdaient toute force sans trouver un point d'appui solide ; quand par un suprême effort je pus atteindre l'extrémité d'une branche effleurant l'eau ; la saisir en me demandant si elle serait assez résistante, m'en servir comme d'une perche de sauvetage, retrouver un fond solide et me hisser sur le bord, fut la chose d'un instant ; j'étais tiré d'affaire, mais dans quel état ! je rentrai au plateau, la gibecière vide, mais je n'avais pas lâché mon fusil, c'était une consolation.

Dans les environs de ce marais d'Ampombilava où j'avais failli disparaître si piteusement, il y avait deux jolies mares, deux petits lacs frais et ombragés par de grands arbres, c'était le refuge habituel de nombreuses poules d'eau dont la robe de deuil était relevée par le rouge vif des caroncules et du bec, tandis que les poules sultanes y étalaient leur riche plumage outremer ; c'était un régal pour les yeux de les voir marcher adroitement sur les larges feuilles étalées des grands nénuphars et aussi un régal pour notre table ; et les martin-pêcheurs à la livrée éclatante, tantôt immobiles à l'affût dans les feuillages de la rive, tantôt effleurant l'eau de leurs ailes de saphir, offraient à nos coups des tentations différentes.

Mais nous avions aussi à notre portée le gibier à poil, représenté par une colonie de lapins, seuls habitants de l'îlot verdoyant de *Tani-Kéli*. Cette *petite terre*, comme l'appellent les Malgaches, distante de huit kilomètres dans le sud d'Hellville, à l'ouvert de la baie de Passandava, forme comme un poste avancé vers les rivages sinueux de la Grande-Terre. Pour rendre notre chasse plus attrayante et plus fructueuse, nous choisissions les époques de pleine lune et partions de Nossi-Bé vers quatre heures du soir, naviguant à la voile pour profiter des derniers moments de la brise du large et aborder sur notre terrain de chasse avant la nuit. Nous organisions notre campement auprès des terriers avec les voiles de l'embarcation, et après un joyeux souper, nous reposions le plus souvent sous la voûte des frondaisons épaisses, réservant la tente pour quelque averse intempestive, peu à redouter d'ailleurs dans cette saison. L'air était si doux, si pur, si tranquille, le sol de sable fin et sec, matelassé de quelques plantes rampantes, nous offrait une couche si agréable que nous ne tardions pas à dormir d'un sommeil profond, tandis que la paisible clarté de la lune veillait sur nous et aussi un de nos matelots faisant faction ; nos armes étaient à notre portée, non pour nous défendre d'une attaque improbable des Fahavalous, mais pour mieux, l'aube venue, accomplir nos projets sanguinaires ; à la première clarté de l'aurore, attentifs et immobiles, nous apercevions nos gentils rongeurs — étions-nous assez cruels ! — sortir successivement de leurs trous, dresser les oreilles, tâter l'air, inspecter le sol, s'ébrouer avec de petits mouvements furtifs et gracieux, et, trompés par notre immobilité, prendre confiance et ébaucher leurs joyeuses gambades ; ils ne demandaient qu'à vivre, mais nous, avec le féroce amour-propre du chasseur, nous avions décidé que nous rapporterions beaucoup de pièces, et malgré tant de gentillesse, nous faisions feu impitoyablement... et les remords ne venaient qu'après... quand ils venaient.

Puis, avant de repartir, nous faisions le tour du charmant îlot, délicieux assemblage de conches propices à la baignade, de sous-bois frais et touffus, avec des clairières et des vallonnements savamment ménagés, comme dans un parc exquis, des rivulets limpides, des collines minuscules et un gros morne rocheux, d'où dévalaient des lianes, regardant le large ; tandis que tout autour de nous s'étalait, dans toute sa splendeur, un panorama circulaire dont les lignes harmonieuses des montagnes de la Grande-Terre, l'entrée de la baie de Passandava, les collines de Nossi-Bé, le massif toujours vert de Loucoubé, les hauteurs pelées de Nossi-Komba, les falaises de la presqu'île d'Ankifi, formaient les principaux traits.

Et maintenant que j'ai essayé de décrire le cadre et de présenter quelques-uns des personnages qui s'y mouvaient, je vais, si vous voulez bien le permettre, suivre chronologiquement les notes prises au jour le jour et rappeler les incidents qui se sont succédés pendant cette période de mon service colonial, ce qui donnera peut-être au récit, je le voudrais du moins, une allure plus rapide.

Arrive le 15 août, ici comme en France et à la Réunion la fête nationale ; elle est célébrée avec autant d'éclat que le permettent les ressources locales ; on veut que les indigènes prennent leur part des réjouissances et c'est pour eux que l'on organise des jeux, des joutes avec prix ; sur l'eau, courses de pirogues, mât horizontal ; à terre mât de cocagne, danses des sabres exécutées par les Arabes, avec des passes savantes, des jeux d'épées, des parades avec le petit bouclier rond en peau d'hippopotame ; tirs à la sagaïe pour les indigènes ; mais par quelle aberration, le but qui est offert à leurs coups est-il un ridicule mannequin représentant un blanc, bientôt transpercé par les lances sakalaves lancées avec vigueur et précision ! Singulier moyen de leur inspirer la crainte et le respect de leurs nouveaux maîtres !

En septembre, le « Nisus » nous revient, faisant sa seconde tournée des postes ; c'est avec un vif plaisir que nous revoyons nos amis ; nous les fêtons à terre, ils nous fêtent à bord ; de part et d'autre c'est une joie de se retrouver dans ce petit coin de notre domaine colonial, dont nous leur faisons les honneurs de notre mieux. Vous le rappelez-vous, de Lamotte-Rouge, Fatou et autres joyeux compagnons ?

A notre petit monde officiel fut adjoint à cette époque un juge colonial, institué chef du service judiciaire. Digne et correct, le type accompli du parfait magistrat, M. Halez eut, à quelque temps de là, en février 1856, à intervenir dans une circonstance où Daullé et moi étions parties intéressées ; mince incident, direz-vous quand vous le connaîtrez, mais là-bas tout prenait de l'importance. Voici l'affaire en deux mots :

M. Jacques B..., habitant la Réunion, avait, à Nossi-Bé, une plantation assez importante, qu'il avait confiée à un gérant, dont il vint un beau jour contrôler la gestion. Le bonhomme Jacques, très méfiant, trouvait les rentrées légères et peu proportionnées aux frais. Déjà chargé d'années, cassé par l'âge et de plus affligé d'une cécité qu'il dissimulait derrière des lunettes noires, nous le voyions toujours très affairé, appuyé sur le bras d'un nègre de Bourbon, traverser par tous les temps le cours et les rues d'Hellville, abrité sous un parapluie déteint et toujours vêtu de noir, cravaté de blanc et coiffé d'un tube solennel ; la redingote, il est vrai, était limée jusqu'à la trame ; le chapeau tirait sur le rouge et le linge était d'une propreté douteuse : cet ensemble n'en contrastait pas moins avec le négligé de notre tenue coloniale. Nous avions eu à vacciner un nombreux convoi de nègres mozambiques, destinés à sa sucrerie. La mesure était obligatoire ; obligatoire aussi était l'allocation, d'ailleurs des plus modestes, qui nous était due. Mais maître Jacques B... trouva le tarif exagéré et voulut plaider pour obtenir un rabais. Halez, sévère mais juste, dut le contraindre à s'exécuter. Ainsi décida le tribunal qu'il composait à lui seul. Et pas de juridiction d'appel... Ce fut un coup bien rude pour notre adversaire. D'ailleurs nous ne lui en tînmes pas rancune.

Vers le milieu d'octobre nous entendons parler désagréablement de nos voisins de Mourounsangue. Ils avaient vu avec regret, tant ils étaient déjà jaloux de toute intrusion européenne dans leur île, se fonder, dans la baie de Bavatoubé, à la pointe sud-ouest de Passandava, un établissement créé par un créole de Maurice, M. Darvoy, qui voulait exploiter une mine de charbon, dont l'extraction, paraît-il, devait être des plus faciles, tant le minerai y était abondant et presqu'à fleur de terre ;

mais le voisinage et le mauvais vouloir des Hovas l'avaient obligé de se fortifier dans une petite presqu'île abrupte, admirablement choisie pour prévenir une surprise et repousser une attaque ; elle n'était abordable, du côté de la terre, que par un isthme étroit commandé par le plateau, à pic sur toutes ses autres faces plongeant dans les eaux de la baie : palissades, fossés, petites pièces de canon en bronze enfilant les abords, surveillance sévère, rien n'y manquait pour s'y croire en sécurité. Et cependant le 19, au petit jour, des troupes régulières vinrent en nombre attaquer la place ; on y était sur ses gardes et l'on risposta avec énergie ; mais les Hovas, embusqués dans les fourrés font un feu nourri sur les défenseurs et démontent bientôt tous les tireurs de l'établissement, trop à découvert et peu nombreux ; l'assaut est donné et la horde malaise se précipite à la curée, les derniers survivants sont massacrés, les blessés achevés et les habitations mises au pillage, puis brûlées ; pas un blanc ne survécut ; quelques-uns de leurs auxiliaires Sakalaves, se jetant à l'eau du sommet des falaises, se sauvèrent à la nage et réussirent à se dissimuler dans les herbes jusqu'à la nuit suivante ; profitant de l'obscurité, ils montèrent en pirogue et vinrent se réfugier à Nossi

Bé, apportant la triste nouvelle. Parmi eux, trois blessés, deux hommes et une femme ; celle-ci avec le mollet traversé par une balle ; un des hommes en avait reçu quatre dans l'épaule gauche ; trois avaient fait séton ; la quatrième fut extraite au bas de l'omoplate ; c'était un lingot de fer, projectile usité par ces guerriers, qui en mettaient deux ou trois dans le canon de leur fusil ; tous ces blessés guérirent.

Le 2 novembre, jour des trépassés, nous avons une cérémonie de circonstance. Au milieu du cours de Hell s'élevait un monument funèbre peu réconfortant pour le moral des nouveaux arrivés ; une colonne brisée y indiquait le lieu de sépulture du capitaine d'artillerie de marine de Lapeyre, mort d'un accès pernicieux en 1852 à Hellville, où il remplissait les fonctions de commandant particulier ; l'intention était touchante mais la place mal choisie. Le commandant supérieur Véran, dans une de ses tournées d'inspection, l'avait reconnu, et prit la décision de faire transporter au lieu ordinaire de repos, les restes du regretté officier. En 1855, il vint de Mayotte pour présider la cérémonie à laquelle on donna toute la solennité possible. Nous sommes convoqués en grand uniforme ; toute la garnison est sous les armes ; alors la te-

nue coloniale n'était pas réglée comme aujour-
d'hui : c'est le shako ou le bicorne en tête qu'il
fallait affronter les rayons du soleil, et nos marsouins, nos artilleurs, sous leurs vêtements de
drap boutonnés à l'ordonnance et leur lourd équi-
pement, étouffaient un peu malgré l'heure matinale. M. Véran lit un discours de circonstance, le
clergé fait la levée du corps et bénit le cercueil
suivant le rituel consacré, les salves réglementaires sont tirées et le cortège se dirige tristement
à travers les avenues du plateau et la grande rue
d'Audouani jusqu'à l'entrée de la route d'Ampombilave, où au milieu des autres sépultures, la
tombe définitive est préparée. Toutes les troupes,
les officiers, les colons accompagnent le brave officier mort à son poste. Au centre du cours de
Hell, il ne restera plus qu'un mélancolique cadran
solaire, destiné à disparaître lui-même au prochain
hivernage, renversé par un vent de cyclone.

Avez-vous jamais été empoisonné par les cham-
pignons ? Si non, tant mieux pour vous, car l'ac-
cident, quand il n'est pas mortel, n'en est pas
moins très pénible et fort douloureux. La chose
nous arriva le 16 novembre. Samba nous avait
préparé avec son talent habituel un plat de bolets

comestibles ; l'espèce était connue, réputée inoffensive, et nous en mangions de temps en temps ; ce soir-là, Daullé, Girard et moi nous lui fîmes honneur, mais sans excès et nous nous couchons l'âme tranquille. Au milieu de la nuit, j'entends Daullé, dont la chambre était voisine de la mienne, pousser de plaintifs gémissements, moi-même je suis pris d'une angoisse inexprimable, d'un profond anéantissement, le corps couvert d'une sueur glacée ; presque en même temps, Girard qui habitait une maison voisine, nous fait demander assistance ; hélas ! Daullé et moi, en proie à toutes les tortures, à toutes les conséquences d'une intoxication aigüe, étions parfaitement incapables d'aller à son secours ; la nuit fut atroce, la journée suivante très pénible et il fallut plusieurs jours pour reprendre notre mine ordinaire, retrouver nos forces et l'intégrité de nos fonctions digestives. Mais nous nous en étions tirés ; c'est déjà quelque chose.

Cependant les douces conditions climatériques des premiers mois de mon séjour commencent à se modifier graduellement. Dès le milieu de septembre nous entrons dans la période de passage entre la bonne et la mauvaise saison, et les avant-coureurs de l'hivernage se manifestent à certains jours, — de l'hivernage pénible à tant d'égards et dont le retour inspire là-bas les mêmes appréhensions que l'approche de l'hiver sous nos latitudes. La brise rafraîchissante souffle moins régulièrement, les pluies, rares jusque-là, tombent par averses plus fréquentes, plus longues, les troubles électriques entrent en jeu. En octobre et novembre, surviennent des séries de journées étouffantes, sans un souffle d'air, avec un ciel plombé, des bourrasques, des grains torrentiels.

Tout cela s'accentue, se corse et devient le régime quotidien pendant les mois de décembre et janvier, époque culminante des grandes perturbations atmosphériques. « Alors, presque chaque jour, disais-je dans mon étude météorologique (1), se forment au fond de la baie de Passandava, sur les montagnes de la Grande-Terre, d'énormes amoncellements de vapeurs, boursouflés, mamelonnés, surchauffés par les rayons d'un soleil implacable, formidables usines où toutes les forces électriques naissent, s'accumulent, se condensent, arrivent à un maximum de tension qui va bientôt provoquer leurs décharges. La masse nuageuse,

(1) Nossi-Bé, p. 10 et 11.

teintée de tons livides et cuivrés, s'avance, monte vers le zénith, envahit tout le ciel, bouillonne, se déchiquette en tourbillons sinistres et de son épaisseur jaillissent dans tous les sens les éclairs diversement colorés. Les grondements, lointains d'abord, s'accentuent, se renforcent ; l'ombre s'étend, sinistre, sur la mer et les côtes, l'obscurité s'épaissit. Les sommets de Nossi-Komba, ceux plus voisins de Loukoubé sont envahis à leur tour. Les éclats de la foudre se rapprochent et bientôt atteignent toute leur violence, tandis que le vent souffle en tempête et que la pluie, zébrée par de longues traînées fulgurantes, tombe en ondées furieuses. C'est alors un désordre grandiose et inexprimable ; le bruit est terrifiant et continu. On dirait toutes les forces de la nature poussées à leur summum de pouvoir destructif. »

Que faire, que devenir pendant cette rude période ? Il faut renoncer aux excursions, aux parties de chasse, aux promenades sur mer. Et d'ailleurs, les nuits, avec leur température étouffante, n'amènent plus le sommeil, l'appétit languit, les forces diminuent. La sursaturation électrique de l'atmosphère, l'humidité extrême, la stagnation de l'air, la persistance d'une température élevée exaltent toutes les influences nocives du miasme palustre. Les nouveaux arrivés reçoivent les premiers avertissements de la malaria ; les anciens résidents sont sous le coup des attaques foudroyantes des accès pernicieux. Toute vie active est, sinon suspendue, au moins ralentie. Daullé souffle dans sa flûte avec acharnement et met ses collections en ordre ; Girard, le capitaine Tartas, se plonge avec fureur dans ses registres ; je retouche mes croquis et je pioche sans relâche les numéros de mes programmes de concours, quand la chaleur n'est pas trop accablante ; c'est d'ailleurs le moment où le Major-bé et le Major-héli, chacun de leur côté, obligés de secouer leur torpeur, sont le plus souvent appelés au dehors, le jour et quelquefois la nuit, pour se rendre auprès des colons ou des soldats, que l'intoxication paludéenne livre aux accidents toujours graves, quelquefois rapidement mortels, de la cachexie sous ses formes les plus perfides et les plus terribles.

Pour ma part, déjà en octobre, j'avais ressenti les premières atteintes de l'imprégnation miasmatique ; mais elles étaient encore bénignes, quelques légers frissons, puis des heures de chaleur âcre et pour finir une sueur profuse amenant une détente qui procurait un bien-être relatif, un peu de fatigue après l'accès, et puis tout était fini jusqu'au suivant. A la fin de l'hivernage cependant les accès devinrent plus sérieux, mais ce ne fut seulement qu'après la seconde mauvaise saison, que ma santé fut compromise.

Là ne se bornaient pas nos ennuis. Si, pendant sept ou huit mois de l'année, la navigation dans ces parages peu privilégiés ne présente pas de dangers sérieux, il n'en est plus de même de novembre à mars. Les redoutables cyclones de l'Océan Indien éloignent les marins de cette zône néfaste et nous restions quatre mois privés de communication avec le reste du monde. Et cependant ces communications, elles étaient notre joie, notre consolation, elles nous aidaient à supporter les tristesses de l'absence, de l'éloignement, elles nous apprenaient les péripéties de la lutte engagée autour de Sébastopol. Au coup de canon conventionnel tiré par le navire stationnaire, tous les cœurs battaient, tous les yeux se portaient vers les signaux de la vigie, placée sur le plus haut sommet de la colline Phimaloa, dont la pointe basse nous dérobait l'entrée de la baie, mais dont le mât nous indiquait l'espèce, la nationalité du navire en vue : à voile ou à vapeur, français ou étranger, de la flotte de guerre ou de la marine marchande. Peu à peu tout cela se précisait. Mais le jour avançait ; la brise du large allait tomber ; durerait-elle assez pour conduire, avant la nuit, jusqu'au mouillage le bâtiment attendu ? L'impatience, l'anxiété arrivaient à l'état aigu.

Ces arrivages si désirés, ces nouvelles si convoitées, si joyeusement accueillies faisaient évènement dans notre existence, et leur privation n'en était que plus dure.

Quelques diversions nous étaient bien dues ; elles étaient d'ailleurs de nature variée, ce qui leur donnait plus de saveur. L'une d'elles était prévue depuis quelque temps et attendue avec une certaine impatience : le lancement de la *Sakalave* à laquelle Bavastre mettait la dernière main. Depuis bien des mois, notre charpentier-constructeur donnait tous ses soins à l'édification de cette goëlette destinée à renforcer la station locale : elle devait être son chef-d'œuvre. Le chantier se trouvait derrière le camp des hommes de police, au bord du marais d'Ampassimène et sur son plan incliné se dressaient, avec une majesté un peu lourde, les formes ventrues de l'arche en construction depuis deux ans. Nous eussions rêvé, pour cet échantillon de l'art naval

du pays, des lignes plus sveltes, un gabarit plus
élancé, mais Bavastre était seul compétent; il
avait conçu ses plans avec amour, les avait mûris
avec sollicitude et avait concentré sur ce remar-
quable produit toutes ses aptitudes, tous ses
talents. Une critique eût été mal venue.

Le lancement d'un navire, et d'un navire de
l'État ne vous en déplaise, était donc un évènement auquel on ne pouvait donner trop d'éclat.
Les dernières installations terminées, les précautions d'usage minutieusement prises, il fut convenu que le 10 décembre au matin, la cérémonie
aurait lieu à six heures; c'était le moment de la
pleine mer. Toutes les autorités civiles et mili-
taires sont convoquées; un piquet d'honneur est
commandé; deux pièces de campagne sont mises
en batterie. Sous un hangar, décoré pour la circonstance, prennent place le commandant Dupuis,
son état-major, et les dames de la colonie; au-
dessus, flottent à la brise matinale, les couleurs
françaises et anglaises. A ce moment, nous n'étions
pas à l'alliance russe; tout au contraire, nous
nous étions ligués avec l'Angleterre pour faire
tomber Sébastopol. La bénédiction est donnée
par le supérieur des Pères, les derniers accores
tombent et Bavastre, dans ses plus beaux atours,

et dans toutes ses émotions, fait sauter d'un coup de hache la clef en charpente qui retient encore sur la cale la fille de ses œuvres. Le canon tonne ; la massive goëlette s'ébranle et, laissant derrière elle un nuage de fumée, glisse et pénètre lourdement dans les eaux du marais qu'elle refoule et dont l'onde en retour vient couvrir la rive. Suivant le terme consacré, l'opération avait eu un plein succès. Ce fut un beau triomphe pour Bavastre et l'on en parla longtemps à Hellville.

Six jours après, je pratiquais à mon tour une opération d'un tout autre genre : ce fut ma première amputation ; ce ne devait pas être la dernière, et, en souvenir de ce premier fait d'armes chirurgical, j'ai conservé pieusement dans mes archives et dans ma mémoire le nom de ce pauvre diable de nègre Makoua, dont un ulcère rongeur avait dévoré les chairs et nécrosé les os de la jambe ; il s'appelait Bakari.

Quatre jours plus tard, par conséquent le 20 décembre, nous sommes réveillés en pleine nuit par les appels des clairons et les batteries de tambour, nous prescrivant de nous rendre aux postes d'alarme. Il ne s'agissait pas cette fois d'une fausse alerte, comme il advenait de temps en temps. Tout était prévu pour ces attaques nocturnes, qui, dans les premiers temps de l'occupation étaient assez fréquentes. Des partis de pillards, les *Faharalous*, comme on les appelait, organisés en djirk, quittaient la Grande-Terre, l'obscurité venue, afin d'échapper à la surveillance des postes-vigies et venaient débarquer sur l'une des plages de sable avoisinant les plantations. Leur but était d'envahir et de piller les habitations et de massacrer au besoin les gens qui leur résisteraient. Peut-être aussi, excités par les Hovas, qui restaient dans la coulisse, avaient-ils pour mission d'entretenir l'inquiétude dans notre établissement et de décourager les colons. C'était généralement sur la côte occidentale de notre île, région des sucreries, que ces descentes avaient lieu. Cette nuit du 20 décembre, les brigands avaient pris terre à l'entrée de la rivière de Djabal, et malgré le voisinage d'un petit poste, gardé seulement, il est vrai, par quelques soldats de la compagnie indigène, ils avaient surpris dans son sommeil un planteur, M. Laffite ; le malheureux reçut dans l'abdomen deux coups de sagaïe, dont l'un perfora les intestins et détermina une grave hémorrhagie. L'alarme est donnée au poste, mais déjà les maraudeurs, après avoir fait main-basse sur tout ce qu'ils avaient trouvé, et mis le feu à la

maison, avaient repris le chemin de leurs pirogues.
Lorsque le détachement expédié en toute hâte
d'Hellville arriva sur les lieux, les Fahavalous
avaient déguerpi emportant leur butin ; on nous
rapporta le corps inanimé de notre compatriote,
tandis que l'aube naissante s'éclairait tristement
des feux de l'incendie. C'est sur ce lamentable
évènement que se termina pour nous l'année 1855.
Heureusement toutes nos alertes nocturnes ne se
terminaient pas aussi tragiquement.

La nouvelle année arrive et l'hivernage continue avec ses perturbations atmosphériques ordinaires, ses violents orages presque quotidiens,
ses misères de toutes sortes, grandes et petites.
Un soir, dans notre petite salle à manger, dont
tous les orifices étaient largement ouverts pour
nous aider à respirer, une invasion inattendue
s'abat sur nous ; un vol de fourmis ailées entre
par les fenêtres, tombe sur nos visages, sur nos
vêtements, sur les globes de nos flambeaux, dans
nos plats et nos assiettes ; la table et le sol en
sont couverts ; impossible de lutter contre cet adversaire flou et insaisissable, dont la multitude
fait la force. Il fallut leur céder la place et la dé-
blayer le lendemain des cadavres de ces innombrables hyménoptères qui perdent leurs ailes en

tombant et ne se relèvent plus. Mais du moins ces pauvres insectes éphémères, s'ils sont gênants, ne sont pas nuisibles comme les scolopendres et les scorpions aux morsures brûlantes que la saison chaude rend plus agressifs et dont le voisinage devient alors dangereux.

Au commencement de janvier, le ponton « le Mayottais », notre stationnaire, s'en allait de vétusté. A chaque coup de canon à poudre qu'il envoyait pour rappeler à l'ordre les boutres récalcitrants ou pour nous annoncer l'approche d'un navire, il menaçait de se disloquer. « L'Indienne », dont j'ai narré plus haut l'émouvant échouage, nous fut envoyée pour prendre sa place ; bien qu'au terme de sa carrière active, elle avait encore bonne apparence avec ses sabords garnis de caronades et son gréement bien tenu ; ce devait être pourtant son dernier voyage ; désarmée en partie, elle perdit peu à peu ses allures de bâtiment de guerre, et à ce dernier mouillage elle a subi sans doute, au bout de quelques années, le sort lamentable de son prédécesseur. Celui-ci, échoué en arrière de la jetée du débarcadère, couché sur le flanc, ne tarda pas à se casser tout à fait. Sa vénérable carcasse, que l'on avait vidée, déchiquetée par les coups de vent d'hivernage, rongée par les ardeurs du soleil des mauvais mois, disparut par fragments, tandis que sa vieille quille, ses membrures disjointes, ses bordages entr'ouverts, s'enlisait dans la fange du marais.

En février les grands désordres météorologiques se calment un peu, mais la chaleur est encore excessive et continue. La fièvre me revient, plus mauvaise qu'aux premiers accès, reparaissant presque à chaque quinzaine, s'accompagnant de douleurs à la rate et au foie et laissant après elle un accablement plus long, plus prononcé ; puis les beaux jours ayant reparu, elle devient moins fréquente pendant les mois suivants et, à partir des dernières semaines de juillet, me laisse tranquille jusqu'à la fin de l'année.

Dans les derniers jours de février, un coup de canon et les signaux de la vigie nous annoncent qu'un navire est en vue. Depuis le 28 octobre nous étions sans nouvelles. Grand émoi parmi nous ; il y avait bien de quoi. C'est une goëlette française, « l'Antoinette », venant de la Réunion, qui nous apporte nos courriers en retard. Quelle joie ! A partir de ce moment jusqu'à la fin de l'année, les communications se succèdent assez régulièrement, en moyenne tous les trente jours ;

un de ces arrivages m'apprend qu'en janvier, mon père a tiré au sort pour moi, puisque je devais avoir vingt et un ans en juillet, et qu'il a extrait de l'urne le n° 1 : j'étais fatalement voué au service du pays. Mais j'avais devancé l'appel.

Arrivent avril et mai, et avec eux l'arrêt de nos épreuves et le retour de la belle et bonne série des mois doux avec leur température modérée et reposante, leurs fraîches brises régulières, leurs nuits claires et sereines. Nous retrouvons le sommeil, l'appétit, les forces ; c'est comme une résurrection. Nous reprenons notre train d'existence interrompu par la sévérité des éléments, nos promenades et nos baignades hygiéniques ; nous revoyons Ampombilave, Nossi-Vivi, notre charmante Tani-Kéli. Avec le commandant Dupuis et sa femme, nous allons passer une journée entière à Sakatia où nous retrouvons ses villages palissadés, ses bandes de pintades, ses vols de pigeons verts. En mai, Mézence m'emmène dans sa goëlette de douze tonneaux faire une tournée de trois jours sur la côte orientale de l'île où ses affaires l'appelaient.

Ce fut l'occasion de visiter de nouveaux sites, de voir Nossi-Bé sous une autre face. En partant nous longeons dans tout son pourtour le massif imposant que revêt de son manteau de verdure la forêt de Loucoubé. Nous passons devant ses plages si pittoresques où viennent, dans le sable fin, se perdre les cascatelles dévalant des gorges granitiques de la montagne, devant la Roche-blanche, auprès de laquelle les navires vont à de favorables aiguades, s'approvisionner d'une eau fraîche et limpide ; nous admirons de plus près l'inextricable fouillis de végétaux puissants, de lianes enchevêtrées, de roches éboulées, de troncs couchés par l'âge ou frappés par la foudre, dressant encore vers le ciel leur ramure dépouillée, ces impraticables fourrés où le takamaka, le palissandre, le nate, le copalier, le flamboyant, l'ébénier, le vert citronnier, l'oranger odorant et tant d'autres confondent leurs feuillages et abritent un peuple d'oiseaux aux cris et aux plumages divers. Cette exubérante végétation a gravi jusqu'aux cimes où elle a attiré si souvent le feu du ciel et sa sombre majesté donne à tout cet ensemble un caractère mystérieux et attirant dont nous ressentions tous l'impression.

Quittant la rade par sa sortie orientale, nous défilons par le chenal large de deux à trois kilomètres qui sépare l'extrémité sud-est de Nossi-Bé de l'île de Nossi-Komba, avec laquelle je devais faire trois mois après plus ample connaissance ; et doublant la pointe de *Tafondrou*, ainsi appelée à cause de la pièce d'artillerie qui, avec son blockhaus en pierre, défendait cette partie de la côte, nous arrivons peu après dans la tranquille baie d'*Ambatouzavare* (mot à mot : pierre de la femme), ainsi nommée à cause d'une roche qui rappelle grossièrement un profil féminin.

Ce poste de Tafondrou avait par sa position une certaine importance. Aussi à cause de son éloignement d'Hellville, avait-il fallu lui donner les moyens de résister à une attaque. Le fortin en maçonnerie avait été construit sur le sommet d'un petit promontoire dont les abords dégagés et les pentes abruptes rendaient la surveillance et la défense faciles ; la nuit, la petite garnison composée d'un caporal blanc avec quelques soldats sakalaves, se retirait au premier étage et rentrait son échelle ; mais par une singulière anomalie, le canon, le *Tafondrou* restait au dehors, à peine abrité par un très modeste remblai. A l'extérieur quelques cases servaient d'habitations aux dames des défenseurs.

Du village d'Ambatouzavave, rien à dire d'intéressant. Le chef y était une chéfesse, la brune

Miari, qui nous fit bon accueil ; et nous tînmes kabare avec elle et les principaux habitants. Vus de ce point, les versants Est de Loucoubé ne perdaient rien de leur riche revêtement de verdure.

A la fin de mai, la gabare « la Girafe » vint faire la relève. Quelle joie pour les partants ! Le capitaine Calvet prend la place du capitaine Septans, comme commandant du détachement d'infanterie de marine, et le sous-lieutenant d'artillerie Laberge vient diriger le service de sa spécialité. A Mayotte, le médecin de 1re classe Gautelme, chef du service médical, passe ses fonctions au docteur Maire, du même grade. Moi, je n'ai pas de remplaçant et je me vois menacé de prolonger mon séjour à Madagascar. Bien plus : Daullé, dont la santé est très compromise par trois hivernages successifs, fait d'actives démarches pour être rappelé en France ; mais on n'a personne à la Réunion pour le remplacer, et déjà, à Mayotte, on semble croire que mon séjour d'un an m'a mis assez au courant de la pathologie locale pour me faire désigner comme chef intérimaire : combinaison flatteuse pour mon amour-propre, mais peu avantageuse pour mes intérêts personnels ; il est vrai que l'on me fait

espérer la désignation prochaine d'un titulaire dé
finitif envoyé de France.

Entre temps, je pars avec O'Neill pour une
ronde à la Grande-Terre. Pendant la réclusion
forcée des mois d'hivernage, l'amiral m'avait
retenu pour cette expédition, devant s'effectuer
aux beaux jours. « Il faudra, me disait-il, que tu
m'accompagnes à ma prochaine tournée. — nous
nous étions vite tutoyés, comme il arrive d'habitude entre jeunes gens qui s'entendent, — tu verras
comme c'est beau ! Nous irons à Bavatou-Bé voir
le bel ouvrage de ces canailles de Hovas ; je te
promènerai dans toutes les découpures de Passandava, je te montrerai les criques de Congouni
avec leurs méandres si pittoresques, leurs rivages
où, jusqu'à la rive, s'étale une si magnifique verdure ; nous irons visiter les îles Mamouk et leurs
ruines portugaises, que la végétation recouvre de
plus en plus chaque année. Et quelles pêches,
mon ami ! Nous porterons la seine, le trémail, la
fouine, les lignes de fond, les lignes de traîne. Et
quelles chasses ! du gros et du petit gibier, du
poil et de la plume ; des oiseaux à ne savoir sur
lesquels tirer. Nous aurons du plomb de toute
grosseur, et toujours un coup chargé à balle pour
les mauvaises rencontres. J'emmènerai ma balei-

nière à la remorque et nous aurons aussi une pirogue pour nous faufiler là où la baleinière ne pourrait passer. Et quels délicieux mouillages dans ces tranquilles abris, où l'eau est unie, la rive propice, le paysage merveilleux ! Quel calme dans ces belles nuits limpides, en face de cette nature encore vierge de tout contact avec l'homme ? Nous irons surprendre ses secrets. Je connais des recoins cachés où personne ne passe jamais, nous les visiterons. »

Comment résister à de si séduisantes perspectives ? Mon consentement fut vite acquis ; et ces beaux projets furent mis à exécution au mois de juin suivant, tandis que la belle saison nous caressait de tous ses agréments. C'est ainsi que le 13, je pris passage sur la fameuse « Sakalave », dont l'armement avait été terminé au commencement de l'année et qui avait essayé ses qualités nautiques par un voyage à Mayotte, resté légendaire par sa durée. Si notre goëlette manquait d'élégance sur sa cale, elle n'avait guère pris meilleur aspect une fois à l'eau et sous son grément. On l'utilisait quand même et Bavastre prétendait que l'on ne savait pas tirer parti de son chef-d'œuvre.

D'une allure tranquille, nous traversons en diagonale la baie de Passandava et allons dès le premier jour mouiller dans la rade si bien close de Bavatou-Bé dont le goulet est signalé par l'îlot verdoyant de *Kokazou-Bérari*. L'établissement Darvoy est encore reconnaissable, malgré la dévastation qu'il a subie : il nous est facile de suivre sur les lieux les péripéties de la lutte ; dans la brousse nous trouvons encore quelques ossements abandonnés ; l'effet était navrant et contrastait avec la beauté du site. Le lendemain, nous fouillons les anses compliquées de *Bararata* et de *Congouni*, et le troisième jour nous étions mouillés en dedans de la grande *Mamouk*.

O'Neill, dont l'enthousiasme était facile et l'imagination vive, n'avait rien exagéré. Tout ce qu'il avait promis, tout ce qu'il avait annoncé, se réalisait. Nous faisions des pêches miraculeuses. Nos filets rapportaient sur le pont de la goëlette des poissons de toutes variétés : mulets, dorades, vieilles, cabots, perroquets, raies, etc., entre autres une espèce qui faisait mentir le proverbe ; les captifs, avant de mourir, poussaient une sorte de cri guttural, qui leur a valu par harmonie imitative, le nom de *Krau-Kraus*.

Nos coups de fusil, surtout, quand, avec intention, nous les tirions en salve, faisaient partir de tous les fourrés des nuées d'oiseaux affolés par

ce bruit insolite, et nous n'avions plus qu'à envoyer dans le tas. Chaque matin et chaque soir,
faisant feu d'un de nos pierriers en bronze, dont
la détonation se répercutait longuement dans les
gorges environnantes, nous tirions le coup de
canon de diane et de retraite, comme à bord d'un
trois-ponts battant pavillon amiral. Nous ne
fîmes aucune mauvaise rencontre et je revins
ravi de la variété et de la splendeur des sites
contemplés chaque jour.

Un matin de cette tournée, égaré par l'ardeur
de la chasse, je m'étais laissé entraîner, seul, à la
poursuite de je ne sais quel gibier ; j'avais oublié
l'heure et le déjeuner. Une fringale intense que
n'avait pu calmer un morceau de biscuit mis au
fond de ma gibecière, devenait impérative. Je
savais que j'avais environ trois kilomètres à faire
pour rejoindre le mouillage de la « Sakalave », où
l'on commençait à s'inquiéter de mon absence et
d'où l'on tirait des coups de fusil pour guider mon
retour, quand, sur une plage, où d'ailleurs n'apparaissait aucune trace d'habitation, j'avise des
tranches de poisson séchant sur une claie de ro-
seaux. Je le connaissais bien ce mets peu appétis-
sant que son odeur prononcée d'huile de squale
m'eût fait repousser en toute autre circonstance.

Mais la faim fait faire toutes les répugnances, et c'est à pleines dents que je mordis dans un morceau de requin boucané ; je crois même que je le trouvai exquis.

A quelque temps de là, j'entrepris, à moi tout seul, une autre expédition moins fructueuse et moins agréable. J'ai déjà nommé *Nossi-Komba*, l'île aux Maques, ce cône régulièrement aplati dont le pourtour circulaire et la cime dénudée coupent la vue entre Loukoubé et la presqu'île avancée d'*Ankifi* attenante à la Grande-Terre. La hauteur de son sommet avait été estimée par des calculs de triangulation ; il manquait à cette donnée la sanction d'une observation barométrique, et, depuis longtemps, je m'étais proposé d'en faire l'ascension pour combler cette lacune.

Le 7 août, avant le jour, je m'embarque dans une pirogue avec un soldat Sakalave, qui m'avait été donné comme porte-respect ; une demi-heure après avoir quitté Hellville, nous débarquons sur l'île aux Maques, sans doute ainsi appelée parce que ce gentil lémurien y fait complètement défaut ; elle mérite mieux le nom de *Ambariratou* (la terre des pierres) sous laquelle on la désigne aussi : car il me fut donné de constater le nombre et les fortes dimensions des gros blocs erratiques accumulés sur ses pentes. Estimant que je pourrais atteindre le sommet vers dix heures, Daullé devait prendre à Hellville, au même moment, la hauteur barométrique, ramenée au niveau de la mer, et de la différence de ces deux observations simultanées, nous devions obtenir la hauteur cherchée. Vaines espérances ! Arrivé à peu près aux deux tiers de mon ascension, dans un passage difficile et escarpé, mon baromètre Fortin, que je portais, et avec quelles précautions, en bandoulière dans son étui, heurte le bord d'une roche ; j'entends un bruit sinistre, une sorte de claquement sec. Le tube de l'instrument était brisé ! Plus rien à faire d'utile, qu'à constater l'irréparable avarie. Je n'en voulus pas moins arriver au point culminant, où je me dédommageai un peu de la mésaventure en contemplant longuement la vaste étendue circulaire qui se développait au-dessous de moi. En premier plan, les arides versants de Nossi-Komba, avec de rares taches de végétation, quelques agglomérations de cases et les énormes blocs avec lesquels mon instrument avait fait une si brutale connaissance ; au sud et à l'est, les rives montueuses de la Grande-Terre et l'île de *Nossi-Fali* ; à l'occident, la vaste entrée de Passandava ; au nord, Nossi-Bé, dont je dominais le relief, même les plus hautes cimes de Loukoubé et dont la configuration dentelée se dessinait sur l'eau bleue, comme sur une carte géographique. Enfin, vers le N.-O., tout à l'horizon, l'archipel de *Nossi-Mitsiou*. Je n'en revins pas moins très penaud à Hellville et non sans motif.

Daullé, de plus en plus fatigué, avait enfin obtenu l'autorisation de me remettre le service et de rentrer en France pour refaire sa santé. La gabare la « Girafe » reparaît à Nossi-Bé fin septembre, et elle y débarque un chirurgien de troisième classe, Panon de Faymoreau, originaire de Nantes ; plus jeune de grade que moi, il devient Major-héli, tandis que je vais passer Major-bé ; je n'ambitionnais pas cet avancement en fonctions, car je trouvais la responsabilité un peu lourde pour mes trop jeunes épaules, encore peu solides. Mais l'ordre avait été signé par le commandant supérieur de Mayotte, il fallut me résigner et m'efforcer, avec toute la bonne volonté possible, de ne pas rester trop inférieur à ma nouvelle tâche ; j'y fus d'ailleurs aidé par la sympathique confiance dont je me sentis entouré. Le 29 septembre, Daullé prit passage sur la « Girafe », qui le ramenait à la Réunion ; pour des raisons diverses, je le vis partir, le cœur serré ; il avait été pour moi plus un camarade qu'un chef, je perdais en lui un mentor éclairé et affectueux ; je ne devais plus le revoir. Ce départ me donnait la peu attrayante perspective d'un second hivernage. Déjà les Sakalaves mettaient le feu à la brousse pour défricher les terrains propices à la plantation du riz. Déjà nous pouvions voir, par delà les collines les plus proches, les longues traînées de feu serpentant sous le souffle de la brise, ou se redressant en hautes colonnes de flamme dans le calme des nuits, indice certain du retour de la mauvaise saison que les changements climatériques nous annonçaient aussi. Ces plantations de riz se font tantôt dans les terrains bas, facilement submersibles, où se cultive le riz de marais ; tantôt sur le versant des coteaux, où des conduites d'eau, savamment amenée et distribuée dans les rigoles, permettent le repiquage et l'immersion de la précieuse céréale : c'est le riz de montagne.

Les intempéries aidant, nous voilà de nouveau rendus casaniers et bornant nos promenades aux buts les plus proches ; le plus souvent ne dépassant pas Andouani ou Andavakoutouk ; quelquefois même restant sur le plateau, flânant avec nonchalance dans les avenues de la ville commerçante, bordées de haies de pignons d'Inde, de bouquets de bananiers et ombragées par la végétation des acacias bois-noir, des manguiers touffus et des ouatiers aux branches étalées horizontalement ; ou bien nous arrêtant sous les deux misérables hangars pompeusement décorés du nom de bazar ou marché couvert ; les indigènes y échangeaient leurs légumes, leurs fruits, leurs volailles, leurs poissons aux brillantes écailles contre les *kirobos bouris*, les *kirobos vakis*, les *rakindalas* et les *paratas* des acheteurs, c'est-à-dire contre la pièce de cinq francs (parata), et ses subdivisions ordinaires : (kirobos bouris, pièces rondes) ou ses secteurs, coupés par les forgerons à coups de ciseaux dans la piastre divisée ainsi par moitié, dont chacune s'appelle *rakindala* (mot à mot lune cassée en deux ; premier ou dernier quartier) ou par quarts (kirobo vaki, pièce cassée) valant 1 fr. 25. Là aussi se vendaient parfois les bœufs à bosse, provenant de la Grande-Terre et dont le prix variait entre 30 et 40 francs.

Et de nouveau, pendant les derniers mois de 1856 et le commencement de 1857 se déroulent les désagréables phénomènes météorologiques déjà décrits ; par ce temps de réclusion forcée, les travaux de cabinet deviennent la principale

occupation. Je collationne les observations météorologiques suivies avec exactitude depuis mon arrivée ; elles me fournissent les éléments d'un mémoire qui est inséré dans la *Revue coloniale* ; je
donne mes soins à la rédaction des rapports sur
l'état sanitaire de la colonie, et je me replonge
dans les numéros du programme de concours
pour le grade de chirurgien de deuxième classe,
pour le moment mon unique ambition. Autour de
nous les maladies se font plus fréquentes, plus
graves. La fièvre, qui m'avait oublié depuis le
commencement d'août 1856, reparaît en janvier
1857, avec des caractères indiquant un commencement de saturation ; les accès sont plus durs,
plus longs, plus accablants ; dans l'intervalle le
malaise ne se dissipe pas complètement ; la cachexie s'accentue et se dénote par son masque
caractéristique : le teint décoloré, plombé. A défaut d'accès réguliers, je souffre d'abominables
céphalées qui durent de longues heures et al-
ternent, surtout la nuit, avec une sorte d'excita-
tion chassant tout sommeil et s'accompagnant
d'une bizarre suractivité cérébrale à laquelle succède un accablement profond. Pendant ces longues
nuits d'insomnie, j'élabore avec une facilité
étrange les discours, les longues tirades, les as-

sociations de pensées les plus singulières ; les idées arrivent pressées, nombreuses, et avec une richesse, une facilité d'expression qu'à l'état normal je ne retrouverai plus. Il eût été curieux de pouvoir transcrire sur le moment ces élucubrations fantaisistes ; puis le calme revenait et je me retrouvais avec le cerveau vide et inerte comme après un grand surmenage intellectuel.

Durant cet hivernage nous restons sans nouvelles de France du 20 décembre au 29 mars suivant. En avril, nous apprenons que le docteur Maire, qui dirigeait depuis moins d'un an le service de santé à Mayotte, venait d'y mourir ; en moins d'un an il était arrivé au point où l'imprégnation rend mortel tout accès un peu violent ; il est vrai qu'il n'était plus jeune et possédait moins de force de résistance.

Lorsqu'en mai et juin revinrent les beaux jours, je n'avais plus d'entrain, plus de curiosité pour aller visiter les sites encore inexplorés ; le spleen me gagnait ; j'étais hanté par la préoccupation du retour, car le remplaçant annoncé n'arrivait pas. Pour me distraire, le commandant Dupuis m'emmène à Nossi-Fali, sa femme était de la partie ; l'île est peu distante, je l'avais déjà abordée l'année précédente, elle faisait partie de notre domaine, il y fallait de temps en temps faire acte de présence.

Dans le gracieux village de *Tafiambout*, sous d'épais ombrages, un *kabare* est réuni. Tous les chefs de districts ont été convoqués ; à leur tête, le Sakalave croisé d'arabe, *Tsimatao* (qui n'a pas peur), à la figure douce et intelligente, nous fait les honneurs ; sa garde, armée de sagaïes, sert d'escorte et s'accroupit autour de nous, tandis que, majestueux, nous trônons sur des chaises, et que la délibération se poursuit : assurances de soumission d'une part, conseils et avertissements de l'autre ; on se quitte en bons termes, et avant de reprendre, sur la « Sakalave », qui nous a portés, le chemin de Nossi-Bé, nous allons dans un site ombreux, à *Mahatou*, faire un pèlerinage au tombeau d'un ancien chef, dont on vénère la mémoire, *Tsimandrou*. Il repose dans une sorte de construction carrée en maçonnerie blanchie à la chaux, dont le faîte est agrémenté de cornes tournées vers le ciel, à la mode hova, et auquel une forte palissade sert d'enceinte ; tout autour, sur des pieux moins élevés, sont fichées ces belles et grosses coquilles à la bouche rose et nacrée, appelées casques, ornement ordinaire de la sépulture des personnages de marque.

Enfin, en juillet sonne l'heure de la délivrance. Un jeune camarade, le chirurgien de troisième classe Lecomte, du port de Rochefort, arrive sur la goëlette de l'État, la « Turquoise » ; et de Mayotte, accompagné d'une lettre très élogieuse du commandant supérieur Véran, m'est expédié l'ordre de remettre le service à de Feymoreau, qui devient à son tour Major-bé, et de rentrer à la Réunion par la « Turquoise », commandée par l'enseigne de vaisseau auxiliaire Muller. C'était la fin de l'exil et la première étape vers la France.

Le 23 juillet, vers le soir, au moment de m'embarquer, toute la colonie : officiers, employés, planteurs, commerçants, se trouve réunie à la jetée ; on s'est donné le mot pour m'accompagner jusqu'au canot ; ils sont tous là les mains tendues, quelques-uns les yeux humides, et tous avec effusion me témoignent leurs regrets de me voir partir et me souhaitent bon voyage ; ils n'osent pas ajouter : prompt retour. Voilà qui me payait de bien des peines, de bien des soucis, et une fois de plus il est démontré qu'il ne saurait y avoir de joie sans mélange. Certes ce moment désiré si ardemment comblait tous mes vœux, et cependant, moi non plus, je n'avais pas les yeux secs et je sentais mon cœur gros de quitter tous ces braves gens avec lesquels j'avais vécu en bonne intelligence, que je laissais en lutte avec les difficultés de la vie, avec les attaques d'un climat meurtrier. Et d'ailleurs, peut-on avoir habité pendant deux ans un pays, si deshérité qu'il soit, sans y laisser et sans en emporter quelque chose !

Bien souvent, depuis, Nossi-Bé a occupé mon esprit, et le plaisir que je ressens à évoquer ces souvenirs, à les mettre en ordre, à leur donner une forme, me prouve, ce que je savais déjà, quelle place a tenu dans ma vie cette résidence, où j'ai réellement fait mes débuts dans la carrière choisie et où se sont écoulés, non sans quelques moments pénibles, mais aussi avec bien des précieuses compensations, vingt-cinq mois de ma prime jeunesse, dans cet âge où tout est confiance et espoir, où les épreuves ne comptent guère, où l'on se livre sans arrière-pensée à toutes les impressions du moment.

ETTE traversée de retour sur la « Turquoise » ne présenta rien de particulier; elle se fit par un beau temps, mais fut longue, car la mousson contraire nous obligea à un très long détour, jusque par delà les îles Galéga, et le 18 août seulement nous arrivions au mouillage de Saint-Denis. Il y avait alors plus de vingt-six mois que j'avais quitté la Réunion, et des changements nombreux s'étaient effectués dans le personnel de la colonie, notamment dans le service de santé, où M. le médecin en chef Petit avait remplacé M. Dauvin. Mais je retrouvais Chanot et Michel sur le point de rentrer en France. J'étais dans le même cas, et le service n'étant pas gêné, je suis laissé libre jusqu'au moment du départ.

C'était une belle occasion pour aller faire dans l'île une tournée que dans mon premier séjour je n'avais eu ni le loisir ni l'occasion d'entreprendre. Justement Chanot tient à prendre congé de bons amis qu'il avait à Saint-Paul et à Salazie. Il me propose de l'accompagner, mon acceptation ne se fait pas attendre. De notre voyage à Saint-Paul, rien de très intéressant à raconter ; la route manquait d'agrément ; le port de refuge de la Pointe des Galets n'était encore qu'en projet, et les gorges du Bernica ne surent pas exciter notre enthousiasme.

Il en fut tout autrement de notre excursion à Salazie. Là, au contraire, tout fut enchantement. La route si pittoresque de la rivière du Mât, le grandiose des sites, la richesse et la variété du décor végétal, le pittoresque des détails, la cordialité de la réception nous tiennent sous le charme. Ces imposants paysages, comparables aux plus célèbres régions alpestres, ces éboulements prodigieux de roches plutoniques, ces cluses profondes et étroites, affouillées par les torrents cherchant passage au travers de remparts verticaux, ces amoncellements de pics déchiquetés, ces vastes gouffres creusés au milieu des puissants massifs du centre de l'île, tout ce que l'on voit, tout ce

que l'on devine dans cette nature tourmentée, ces
eaux surchauffées et richement minéralisées sortant des fissures du sol, tout témoigne de boule-
versements terribles, d'effondrements formidables,
de soulèvements vertigineux. Et dans ce milieu
disloqué, étrange, on entend raconter sans surprise les plus émouvantes légendes, les récits terrifiants de bandes d'esclaves fuyant les plantations
du littoral, perdues dans la solitude des hauts
plateaux, égarées dans les nuages et mourant
misérablement dans la plaine des Cafres, dans la
plaine des Fougères qui gardent leurs ossements,
dans les éboulis du Cilaos et de Mafate, tandis
qu'au dessus de leurs troupes faméliques se
dressaient impassibles les grands sommets des
Salazes et du Piton des Neiges.

Sous ces dernières impressions, nous quittons
la colonie, Chanot, Michel et moi, le 20 septembre
sur un trois-mâts de commerce de Nantes « l'Amélia », commandée par le capitaine Lafontaine. Je
ne voudrais pas faire de peine au « Jeune Marseillais », mais « l'Amélia », avec son plein chargement
de sucre, ne pouvait manquer de nous offrir une
très douce hospitalité. D'ailleurs les installations
y étaient plus confortables ; chambre plus vaste et

mieux aérée, cabines moins sombres et meublées dans un style moins spartiate ; en plus, ce qui ne gâtait rien, ordinaire sans prodigalité, mais convenable. Enfin pour éclairer encore la situation, au lieu de tourner le dos à la Patrie, de nous en éloigner, nous nous dirigions vers elle. Comment ne pas voir tout en rose ! Et cependant, malgré ces heureuses conditions, malgré les qualités nautiques d'un navire bon marcheur et l'habileté de son capitaine, notre voyage, semé de traverses, devait encore avoir une durée bien supérieure à la moyenne ; l'imprévu était appelé à y jouer son rôle et ce n'était pas « l'Amélia » qui devait nous faire toucher la terre de France ; mais n'anticipons pas.

De Bourbon au Cap, rien de particulier à noter, si ce n'est que, par le travers de la pointe-sud de Madagascar, le cap Sainte-Marie, comme si les effluves malsaines de la grande île me poursuivaient encore, un accès de fièvre en règle me cloue sur ma couchette. Les parages du banc des Aiguilles ne nous maltraitent pas, comme à la fin de mai 1854. Rien de surprenant à cela, la saison est différente. D'ailleurs répétition des mêmes scènes qu'au voyage d'aller : chasse aux oiseaux de mer, captures de marsouins ; même aspect, mais

avec du temps plus maniable, du ciel et des flots.
Notre route en sens inverse en présence des brises
fixes des alizés nous les rend favorables dans l'hé-
misphère-sud et nous permet de faire route di-
rectement jusqu'à l'Equateur, où après les calmes
et les orages du Pot-au-noir, nous trouvons les
brises de l'hémisphère boréal contraires à notre
direction, et nous repoussant vers l'ouest.

C'est le 4 novembre que nous passons la Ligne,
naturellement sans cérémonie, comme de vieux
marins blasés et endurcis. Nous étions dans l'Atlantique depuis le 10 octobre.

Luttant contre les vents du nord-est, nous nous
élevons péniblement vers le nord, et réussissons
à franchir le tropique du Cancer le 20 novembre,
juste deux mois après notre départ de Saint-Denis ; jusque-là notre traversée avait été normale,
et nous pouvions espérer entrer en Loire dans
une trentaine de jours. Mais le lendemain 21,
commencent nos misères. Les vents, modérés
jusqu'à ce jour, tournent à la tempête ; le baromètre baisse rapidement, le ciel s'assombrit et se
couvre de nuées opaques ; la mer prend une teinte
ardoisée, frangée d'écume blanche. Tout indique
un gros mauvais temps.

Obligée de mettre à la cape, l' « Amélia » gémit

et tremble dans tous ses membres, sous la poussée des grandes lames en colère qui la heurtent sans pitié et la couvrent de lourds paquets de mer, fatiguant beaucoup et dérivant sous la violence des rafales, pendant les journées des **22** et **23**. Le **24,** après une nuit très mauvaise, nous trouvons au capitaine et au second des figures assombries ; ils tiennent des conciliabules avec le maître d'équipage. Sûrement il se passe quelque chose de sérieux. Nous ne tarderons pas à l'apprendre. Confinés à la chambre par la rigueur de la tourmente, nous ne nous sommes pas aperçus des manœuvres insolites du dehors. Depuis la veille, on est, sans discontinuer, aux pompes. Une voie d'eau s'est déclarée, a rapidement augmenté ; si bien que dans la nuit il a fallu lutter pied à pied contre l'envahissement de la cale. C'est ce que nous dit M. Lafontaine, après avoir réuni équipage et passagers. Que le niveau augmente encore et l'extraction deviendra insuffisante. Que faire en pareille occurence ?

Jeter à la mer toute la cargaison, pour arriver jusqu'à la voie d'eau qui doit être, d'après certains indices, tout contre la carlingue ; c'est-à-dire au ras de la quille, au plus profond de la cale ? C'est une ressource extrême à réserver pour

le cas où le danger deviendrait plus pressant...
Continuer à lutter contre la tempête? Ce serait,
dans les conditions où se trouve l'« Amélia »,
s'exposer à un désastre, car rien ne fait prévoir
la cessation du mauvais temps. Mieux vaut fuir
vent arrière, ce qui donnera au navire une allure
moins fatigante ; sortir au plus tôt de la zône dangereuse, et revenir dans la région des alizés où la
navigation deviendra moins dure. De plus, nous
nous trouverons, en agissant ici, sur la route des
navires allant aux Antilles, et par conséquent plus
à portée des secours. Enfin si l'envahissement de
l'eau continue, il faudra coûte que coûte, gagner
la terre la plus voisine, et nous avons justement,
sous le vent à nous, les Antilles françaises, la
Martinique ou la Guadeloupe, cette dernière surtout comme la plus rapprochée, où nous trouverons refuge et assistance. De plus, comme il s'a-
git du salut commun, que l'équipage est déjà fatigué, le capitaine fait appel à la bonne volonté de
chacun. Et déjà, d'un commun accord, nous nous
étions entendus d'un coup d'œil ; nous nous pro-
posons pour la manœuvre des pompes, elle ne de-
mandait que du bon vouloir et une certaine dé-
pense de forces musculaires à la portée de tous.

Ainsi fut fait. Le navire est orienté dans sa nouvelle direction, poussé de l'arrière par le vent et les lames, et le personnel se partage en deux parties égales. Nous sommes vingt en tout. Chaque bordée se compose donc de dix personnes alternant toutes les quatre heures : un homme de barre, un homme de vigie et les autres se relayant par séries de quatre et pompant sans relâche ou travaillant à la manœuvre des voiles. C'est la pompe qui nous absorbe surtout, car dès que l'on cesse d'aspirer l'eau, la sonde indique une montée inquiétante ; mais déjà, nous savons qu'en manœuvrant sans discontinuer, on arrive à franchir, à étaler, c'est-à-dire à extraire juste autant d'eau qu'il en entre. Et c'est notre salut.

Nous voilà donc faisant, nuit et jour, le quart à courir, c'est-à-dire travaillant et nous reposant alternativement quatre heures. Les deux premières journées de cet exercice, nouveau pour nos membres inoccupés, furent pénibles : pénibles par une certaine anxiété bien naturelle, car nous n'étions pas encore sortis de la zône troublée ; pénibles par la fatigue physique, résultant d'un déploiement insolite de forces ; c'était une brisure douloureuse de tout le corps, un surmenage qui faisait croire à l'impossibilité de continuer, et qui rendait toute tentative de sommeil illusoire pendant les quatre heures consacrées au repos. Mais bientôt l'entraînement fait son œuvre ; l'assouplissement rend les mouvements plus faciles, l'accoutumance s'établit ; à la fin de notre quart, nous jetant habillés sur nos couchettes, nous nous endormons lourdement, sans perdre une minute, jusqu'au moment où l'on vient nous réveiller pour retourner à la bringuebale. Le courroux du ciel s'apaise graduellement, et, rentrant dans les latitudes chaudes, la température sensiblement refroidie les jours précédents redevient agréable, avec des brises tièdes et régulières. Enfin, la voie d'eau n'augmente pas, et si rien de nouveau ne surgit, nous resterons maîtres de la situation. Inutile d'ajouter que les embarcations, soigneusement visitées, étaient prêtes à être mises à l'eau en cas de nécessité pressante, et que tout était disposé pour y embarquer des vivres et de l'eau douce en quantité suffisante. Chacun de nous avait réuni, dans un léger bagage, les objets de première nécessité, et toujours sous la main.

Une nouvelle cause de détente se présente le 29, sous la forme d'un navire en vue. Meilleur marcheur que nous, il nous gagne peu à peu de vitesse, et bientôt nous pouvons arborer les signaux de détresse et nous mettre en communication. C'est l' « Integritas », de Dunkerque, petit trois-mâts-barque d'environ trois cents tonneaux, se rendant précisément à la Guadeloupe. Il se met aussitôt obligeamment à notre service, nous offre de nous convoyer jusqu'à la Pointe-à-Pitre, prêt à nous recevoir dans le cas où de nouveaux incidents, par exemple une augmentation toujours possible de la voie d'eau, viendraient à survenir. Et sans tarder, diminuant légèrement sa voilure, tandis que nous forçons de toile, mettant tout dessus : focs, bonnettes et cacatois, nous naviguons de conserve, restant la nuit en rapport par nos signaux lumineux.

Lorsque nos matelots se sentirent, par ce voisinage rassurant, en sécurité relative, leur zèle, et la chose n'est pas en leur honneur, se ralentit sensiblement. Prêts à tout pour le sauvetage du personnel, ils se sentaient moins d'ardeur pour assurer le salut du navire et de sa cargaison. Il ne fallut rien moins que l'énergie des officiers et la persistance de notre concours pour leur inspirer des résolutions plus généreuses. Quand ils virent les passagers continuer à travailler aux pompes, leur mauvais vouloir se dissipa.

Nous étions véritablement à peindre dans l'exercice de nos nouvelles fonctions; vêtus de chemises de laine, les manches relevées jusqu'aux coudes, les pantalons retroussés par-dessus les genoux, pieds nus et l'humeur égale, faisant notre service avec un entrain et une ponctualité exemplaires, donnant la main à hâler sur les bras des basses vergues et des huniers, sur les palans de la brigantine, devenus presque des gabiers d'artimon, nous formions un complément d'équipage des plus distingués. Aussi on nous gâtait, on nous donnait double ration et plats supplémentaires. Nous avions d'ailleurs un formidable appétit. C'est dans ce bel appareil, qu'avec l'aide d'une jolie brise du nord-est bien établie, et toujours surveillés de près par la vigilante « Integritas », que le 6 décembre au matin, nous arrivons en vue de l'île Désirade, la désirée, si bien nommée par Christophe-Colomb, et de tout le groupe de la Guadeloupe ; laissant à bâbord les sommets de Marie-Galante, des Saintes et de la Basse-Terre, et à tribord les rives moins élevées de la Grande-Terre, nous entrons dans la rade bien abritée de la Pointe-à-Pitre et mouillons en face de l'entrée de la Rivière salée.

Rien d'agréable et de reposant, surtout pour des gens qui, comme nous, ont deux mois et demi de mer et sortent de traverser une épreuve courte mais dure, comme la vue de la terre tout à proximité et se présentant sous le gracieux aspect du mouillage où nous venons de jeter l'ancre, hors des atteintes des vents et de la houle du large, au milieu de verdoyants îlots.

La coquette cité commerçante, trop souvent éprouvée par de lamentables sinistres, incendies destructeurs, tremblements de terre terrifiants, est là devant nous, relevée de ses ruines, rebâtie en constructions basses et éparpillées pour mieux résister au feu et aux ébranlements volcaniques, mais toujours pimpante avec sa place principale, la traditionnelle « Savane », et ses quais ornés de beaux ombrages, bordés de maisons engageantes et d'édifices proprets. Vite à terre pour reprendre pied sur l'élément solide et faire visite à l'autorité administrative. Elle est représentée par le commissaire colonial Costet, encore un ami de ma famille ; il nous considère comme de quasi-naufragés et nous traite avec une paternelle commisération. Nous allons être débarqués de l' « Amélia », qui ne peut continuer son voyage, et attendrons, pour être rapatriés, le plus prochain départ pour la France. Espérons qu'il ne se fera pas trop longtemps désirer.

Le bruit de nos péripéties s'est répandu en ville et tous nos camarades de l'hôpital viennent nous offrir leurs bons offices. A l'hôtel on nous prépare les meilleurs chambres, afin de nous procurer un repos bien mérité, et, de fait, après un délicieux bain, indispensable pour détendre nos membres encore surmenés, et un copieux repas, non moins nécessaire, nous gagnons, sans nous faire prier, sous de protectrices moustiquaires, nos larges et confortables couches, où, purifiés, repus et déshabillés, délices que nous ne connaissions plus depuis douze nuits, nous nous étendons voluptueusement. Il n'est pas encore huit heures du soir ; deux minutes après, je tombe dans un sommeil sans rêves.

Le lendemain, au réveil, j'ai peine à me reconnaître ; une belle clarté entre dans ma chambre. Rien d'étonnant ; le soleil s'était levé et avait accompli plus de la moitié de sa course. On avait scrupuleusement respecté notre repos et jugé inutile de nous appeler pour le déjeûner. Chanot et Michel avaient dormi tout autant. Preuve irréfutable que nous avions un arriéré important à combler.

Les jours suivants, nous continuons à nous reposer consciencieusement ; le temps se passe en paisibles flâneries ; il faut faire connaissance avec la ville, prendre une idée du pays et de ses habitants, écouter les caquetages assourdissants des indigènes ; leur parler créole semble plus criard que celui de la Réunion dont nous avons encore les douces résonnances dans les oreilles. Les premières nuits, chose singulière, au réveil, on conserve la sensation du balancement si long-temps éprouvé à bord ; mais quel calme ! quelle tranquillité ! pas de piétinements sur la tête, pas de craquements de cloisons, pas de sif-flements enragés, de bruissement des vagues cascadeuses. Tout cela est bien doux, mais ne nous rapproche pas de l'arrivée définitive, et cette pensée empoisonne sérieusement les délices de notre relâche forcée.

Singulière fortune ! En allant à Bourbon, le manque d'eau allonge notre voyage et nous fait faire connaissance avec la capitale du Brésil, et voilà qu'au retour, l'eau nous envahit et, par son abondance, nous oblige à toucher aux Antilles. Ainsi le veut la destinée du marin, soumise si souvent aux vicissitudes les moins attendues.

Aucun navire de commerce ne se trouvait en

partance pour les ports de France, mais l'aviso
« le Cocyte », de la station des Antilles, doit
aller à la Basse-Terre, chef-lieu administratif de
la colonie ; là, viennent relâcher les navires de
guerre rentrant à la Métropole. Précisément l'on
attend le « Sésostris », provenant de Cayenne, et,
après une courte escale, il doit repartir pour Lorient. Il vaut mieux aller nous placer sur son
passage et saisir au vol cette occasion propice.
Aussi bien voilà déjà près de deux semaines que
nous musons à la Pointe-à-Pitre ; l'impatience
nous gagne. La chose est décidée. Le commissaire Costet nous embarque sur le « Cocyte » ; il
nous fait ses adieux ; nous le remercions de sa
sollicitude, nous prenons congé de tous nos
collègues, qui ont fait leur possible pour égayer
notre séjour et tromper nos ennuis, et, le 19 décembre, au matin, nous partons pour la Basse-
Terre.

La traversée n'est pas longue, malgré un
arrêt aux Saintes, où le « Cocyte » dépose du matériel, malgré les « lamentins » qui tombaient en
rafales serrées des gorges ravinant les flancs de
la pointe du vieux fort. Nous prenons mouillage
dans la rade ouverte de la Basse-Terre, en face
de la ville bâtie en amphithéâtre sur des pentes

rapides et dominée par les escarpements du camp Jacob et les cônes volcaniques de la Soufrière.

En même temps que « le Cocyte », par une chance inespérée, « le Sésostris » apparaît et vient mouiller à nos côtés. Nous apprenons qu'il repart le lendemain à la première heure et qu'on pourra nous prendre à bord. Pas un instant à perdre, il faut, avant la fermeture des bureaux, obtenir notre ordre de transfert sur cet aviso, afin de ne pas manquer l'occasion qui nous sourit. Après des prodiges d'activité, nous parvenons à nous faire mettre en règle, et, avant la nuit, après quelques heures seulement passées à bord du « Cocyte » où nous n'avons guère eu le temps de prendre langue, nous nous transbordons sur le « Sésostris. »

Le lendemain matin, appareillage et départ pour la France ; à la Guadeloupe nous laissons « l'Amélia ». Après déchargement de sa cargaison, les causes de sa voie d'eau avaient été en partie reconnues.

Nous savions déjà que dans le cours de son dernier voyage, elle avait fait inopinément connaissance par ses fonds avec un de ces pâtés de coraux trop libéralement disséminés dans certains parages des mers de l'Inde ; elle y avait laissé une partie de sa fausse quille et quelques feuilles de son doublage. Sur ce point faible, les ébranlements répétés subis par le navire, pendant la tempête des 21, 22 et 23 novembre, avaient déterminé, tout au ras de la quille, l'arrachement d'une cheville, et, dans le trou béant, l'eau entrait sans obstacle. Il aurait fallu, pour découvrir et obturer cet orifice intempestif, déplacer ou jeter à la mer presque tout le chargement. Je ne sais ce qu'il advint plus tard de notre « Amélia » où, dans des circonstances bien spéciales, nous avions fait notre apprentissage de pompiers bénévoles. Il fallait naturellement, pour la réparer, un bassin de radoub ; put-elle être conduite à celui de Port-de-France ? Je ne l'ai jamais su.

Le « Cocyte », avec lequel nous avions fait si courte connaissance, et le « Sésostris », notre sauveur définitif, étaient deux navires en bois, deux avisos à roues, premiers échantillons de l'application de la vapeur à la flotte de guerre. Solides à la mer, mais de vitesse moyenne, munis d'une mâture réduite leur procurant les avantages d'une navigation mixte, ils rendaient de bons services à la condition de pouvoir souvent nettoyer leurs carènes, et, dans la région, ils avaient à la Martinique un bassin d'échouage. Mais le « Sésostris » terminait sa campagne et comptait sur les ressources de l'arsenal de Lorient, où il allait désarmer, pour se mettre en état. Son allure était donc assez modeste quand il nous accueillit comme passagers inattendus. Il n'avait à bord aucune installation pour loger d'autre personnel que celui de son état-major et de son équipage. Mais le commandant et son second, MM. Macaire et Lambal, d'humeur très obligeante, y pourvoient en nous faisant installer dans l'avant-carré un poste en toile, où nous organisons, Chanot, Michel et moi, une sorte de campement provisoire. La table des officiers nous héberge, et dans notre collègue Nettre, chirurgien-major du bord, nous trouvons un camarade heureux de nous venir en aide. D'ailleurs nous n'avions pas lieu de nous montrer difficiles, nous estimant très heureux d'entrevoir dans un avenir assez proche la fin de nos tribulations.

Avec des chances diverses et des temps assez maussades, nous faisons cependant de la route. Le courant du Gulf-Stream nous vient heureusement en aide. L'année 1857 s'achève sans bruit ; 1858 entre en scène sans grand tapage. Le 13 janvier, dans une éclaircie, nous apercevons les îles de Flores et de Corvo, les plus occidentales de l'archipel des Açores. Nous approchons des côtes d'Europe. L'hiver se fait sentir par le retour d'une température dont nous avons oublié la rigueur et par des ciels chargés de lourdes nuées grises. Encore un peu de temps et nous toucherons au but ; les dernières journées paraissent interminables. Nous cherchons, sans y réussir beaucoup, pour tromper notre impatience, à nous remémorer les différentes phases de notre longue absence. Michel, avec une verve originale, qui donne beaucoup de piquant à ses récits, nous raconte ses nombreux succès partout où il a passé : ses nuits de fête, ses chasses dans les fourrés de Pamanzi, à Mayotte, où, pour éviter la fièvre et malgré la chaleur torride, il ne quittait pas son caban ; ses fréquentes stations au café de Lanoé à Saint-Denis, où il avait « amarré de si nombreux cabris », ce qu'ailleurs on appelle « étouffer un perroquet ». Chanot, plus rassis, plus assagi, évoque des souvenirs de ma toute petite enfance. Précisément, à Lorient, dont nous approchons et où son père était ingénieur des constructions navales, il a fait ses années de collège, et lorsque, âgé de douze ans, il venait passer quelques heures de ses jours de congé chez un lieutenant d'infanterie de marine, ami de sa famille, il y trouvait un bambin de trois ans, qu'il se plaisait à amuser, sans se douter que dix-neuf ans plus tard, nous aurions à manœuvrer ensemble, sous les tropiques, la pompe de sauvetage.

Enfin, vers le 24 janvier au soir, les feux de la côte de Bretagne sont en vue, et le lendemain, après une dernière nuit agitée, troublée par les vents d'hiver et par une anxiété d'attente poussée à ses dernières limites, nous entrons dans la rade de Port-Louis et le port militaire. Près de quatre ans s'étaient écoulés depuis que, le 14 février 1854, j'avais, sur le quai de Marseille, quitté le sol de France. Ce n'était pas une impression banale d'y remettre le pied, après un si long intervalle.

Quelques jours plus tard seulement devait avoir lieu la réunion de famille à Toulon. Quelque fût mon impatience de ce moment si désiré, j'avais à m'arrêter à Paris. L'aînée de mes deux jeunes sœurs était, depuis trois ans, pensionnaire aux Loges, près Saint-Germain, dans la succursale de la maison de la Légion d'honneur de Saint-Denis ; et il avait été dès longtemps convenu que j'irais la voir au passage : de part et d'autre, on se promettait une grande joie de la réalisation de ce projet caressé avec tant de complaisance.

Pour des gens qui viennent de faire un si long parcours sur le globe, le voyage de Lorient à Paris ne comptait guère, et, cependant, il nous fit éprouver des sensations oubliées. Souffrir du froid n'était plus dans nos habitudes, et, dans la diligence qu'il fallut prendre pour aller rejoindre à Rennes la ligne de Bretagne, qui, alors, ne pénétrait pas plus loin dans la péninsule armoricaine, cette nuit de fin de janvier parut longue et pénible aux trois voyageurs ; ils avaient retenu le coupé et recommandé de le garnir d'un épais tapis de paille ainsi qu'il était de mode. Précaution inutile ; nous arrivons à Rennes par le petit jour d'une matinée blafarde et glaciale, absolument transis. Il ne fallut rien moins que le confortable et les chaudes bouillotes de l'express pour nous réconcilier avec l'existence et rendre la chaleur à nos membres engourdis.

A Paris, un de mes premiers soins fut de partir pour les Loges ; ma visite y était annoncée, et, par faveur très spéciale, car les règlements étaient sévères, la supérieure m'avait autorisé à pénétrer dans la maison et à voir ma sœur autrement qu'au travers des grilles du parloir. Le cœur me battait d'impatience et je trouvais bien longue, en la parcourant, la magnifique avenue toute droite, qui, à travers la forêt de Saint-Germain, alors dépouillée et frissonnante, conduit à l'entrée de l'ancien couvent, entouré de futaies, transformé par Napoléon en établissement d'éducation pour les filles de légionnaires.

C'était d'ailleurs un évènement que l'arrivée dans cette maison à l'aspect monastique d'un jeune marin venant de traverser les grands Océans et de vivre là-bas, bien loin, dans les pays du soleil et des rêves dorés. Tout le personnel, maîtresses et élèves, étaient, je crois, au courant de mes aventures ; pour elles, j'étais presque un personnage, et je sentais, en traversant les longs couloirs, comme un vent de curiosité, comme une auréole de prestige me frôler de partout. On chuchotait derrière les portes entr'ouvertes : c'est le frère de notre élève, de notre camarade, qui passe. Il arrive de bien loin ! Il connait les sauvages ! Il a vécu parmi eux ! Il a vu des choses étranges ! Que de belles histoires il pourra raconter !

L'entrevue avec ma sœur eut lieu dans le cabinet de la supérieure, qui nous laissa discrètement savourer le bonheur de nous retrouver. J'avais laissé ma sœur presque enfant ; je la retrouvais en passe de devenir jeune fille et notre affection mutuelle n'avait fait qu'augmenter pendant les années d'absence. C'était la première personne de la famille que j'avais le bonheur d'embrasser. Heureux moments, trop vite écoulés ! L'aumônier de la maison, l'aimable abbé Roman me retient à déjeûner et, comme écot, me fait raconter quelques incidents de voyage. Et deux jours après, avant de partir pour Toulon, je reviens encore passer quelques instants avec la pauvre pensionnaire, heureuse de m'avoir revu, mais avec le cœur bien gros de me voir prendre sans elle le chemin du logis, qu'elle avait tant regretté en le quittant.

A Toulon, grande fête, joie profonde, quand l'enfant, parti depuis si longtemps, se retrouve au milieu des siens. Pouvait-il en être autrement ! Et les amis, prévenus de mon arrivée, sont là, à la descente de la diligence de Marseille, sur la place aux Foins, et attendent leur tour de me donner l'accolade. Eux aussi ont navigué, ont parcouru les premières phases de la carrière, mais la plupart ne se sont guère éloignés et reprenant l'avantage sur les absents, ils ont pu concourir au bout de trois ans de grade et gagner un nouveau galon ; ce qui me reste à faire.

Rue de l'Asperge, je retrouve un personnage qui ne m'était pas indifférent et dont on ne manquait pas, à chaque courrier, de me donner des nouvelles. Arrivé du Sénégal en 1848 avec mon père, il avait, depuis, vécu sous notre toit et était devenu de la famille. Pendant mes années de collège et d'études médicales, nous avions pris affection l'un pour l'autre, et, son bon caractère aidant, il était devenu mon souffre-douleur. De combien de taquineries, de mauvais tours ingénieux, de petites misères ne l'avais-je pas gratifié ! Il ne m'en aimait que davantage et acceptait tout de moi. Jacquot, mon bon Jacquot, mon fidèle Jacquot ne m'a pas oublié. Dès la première minute il me reconnaît et sa joie déborde, il pousse des cris d'allégresse, bat des ailes, cherche mes caresses, et me témoigne son bonheur d'une façon aussi expansive que touchante. Qui aurait pu deviner tant d'atachement et une mémoire aussi infaillible dans cette petite cervelle de perroquet gris du Gabon, devenu notre commensal, presque notre ami depuis dix ans. D'ailleurs, il ne se distinguait pas seulement par ses qualités de cœur, et si je voulais raconter toutes les preuves d'intelligence, de raisonnement subtil et de discernement qu'il nous donnait, j'en aurais long à conter. Mais vous ne voudriez pas me croire et m'accuseriez d'exagération et de partialité. J'aime mieux m'en tenir à cette reconnaissance immédiate et démonstrative après quatre années entières de séparation. Et pour qui savait regarder au fond de ses petits yeux ronds, très vifs, souvent narquois, il était facile de démêler bien des choses que cette bonne bête élaborait, sous les plumes grises de sa coiffure; cette analyse psychologique était toute à son avantage.

Et maintenant, ami lecteur, il est temps d'arrêter ce trop long récit. Avez-vous eu le courage de le lire jusqu'au bout? Ne vous ai-je pas trop rebuté par l'inexpérience de ma plume, par l'insignifiance des détails, qui, je le sens bien, ne sauraient guère avoir d'intérêt que pour moi? Ai-je réussi, ne fût-ce qu'une fois, à vous communiquer les émotions éprouvées, les impressions ressenties? Vous ai-je inspiré le désir de tourner la page? J'ai bien peur que non; et cependant, maintenant que ces lignes sont écrites, que tous les faits de ce passé lointain sont évoqués, tout me pousse à les publier.

A vous de décider si j'ai eu raison. Et votre réponse me dira si je dois faire voir le jour aux deux autres chapitres de mes souvenirs, ou si je n'aurais pas mieux fait de résister aux atteintes de la maladie du jour.

Blois, Typ. et Lith. Paul GIRARDOT et Cⁱᵉ.

9 782329 426693